Spielend angreifen lernen
Systematisch mehr Tore erzielen

– Martin Hasenpflug –

Spielend angreifen lernen
Systematisch mehr Tore erzielen

1. Auflage

Herstellung und Verlag: Books on Demand GmbH, Norderstedt

ISBN-13: 978-3-8391-8050-1

Bibliografische Information der Deutschen Nationalbibliothek
Die Deutsche Nationalbibliothek verzeichnet diese Publikation in der
Deutschen Nationalbibliografie; detaillierte bibliografische Daten sind im
Internet über http://dnb.d nb.de abrufbar.

Inhaltsverzeichnis

Vorwort
Martin Hasenpflug

Der Fußball lebt von Emotionen. Von den Freuden über erzielte Tore. Es ist erst kurze Zeit her, dass Inter Mailand im Endspiel der UEFA-Champions-League Bayern München mittels einer sehr ausgeprägten Defensiv-Taktik 2:0 besiegte. Ein Spiel, welches man zwar registrierte, doch auch ein Spiel, worüber nicht mehr lange gesprochen wurde.

Dies steht im krassen Gegensatz zu so torreichen Partien wie Schalke 04 gegen Bayern München, welches 1984 im DFB-Pokal nach Verlängerung mit 6:6 endete oder 1985, als Bayer Uerdingen gegen Dynamo Dresden 7:3 im Europapokal der Pokalsieger gewann. Dies sind Spiele, die noch Jahrzehnte später thematisiert werden, indem z. B. Dokumentations-Filme darüber gedreht werden.

In den letzten Jahren konnte man revolutionäre Veränderungen der Defensiv-Taktiken im Fußball beobachten. Es wurden Dinge wie Viererabwehrkette, Ballorientiertes Verteidigen, Doppeln, Abwehrpressing usw. erfunden und perfektioniert. Trotz immer besser ausgebildeter Angreifer und ausgeklügelteren Angriffsstrategien führte diese Entwicklung zu weniger Toren.

Dieses Ungleichgewicht in der Fußballentwicklung von Defensive und Offensive liegt meiner Meinung nach darin begründet, dass man für das Defensiv-Verhalten voll auf fertige Handlungsmuster zurückgreifen kann. Wie verhält man sich wenn der Gegner von Außen oder aus der Zentrale auf die Abwehrkette zudribbelt usw.? Für alle Eventualitäten gibt es Vorgaben, die dann in der jeweiligen Situation „nur" passend abgerufen und schnell umgesetzt werden müssen.

In der Offensive soll und kann man zwar auch nach gewissen Handlungsmustern agieren. Doch die Spielsituationen für die Angreifer sind so enorm unterschiedlich, dass immer nur Teilbereiche wie, Doppelpass, Hinterlaufen, Flügelspiel, Dreiecksbildung, Pass in die Tiefe (Reihe überschlagen), Dribbling usw. vorgegeben werden können. Ob diese nun letztendlich zum Erspielen einer Torchance führen, hängt davon ab wie **kreativ** die Spieler diese Teilbereiche zu einem Ganzen zusammenfügen.

Mit diesem Buch möchte ich Fußballtrainern eine Hilfe in die Hand geben, um ihre Mannschaft im Angriffsspiel zu verbessern. Anhand dem hier gezeigten Trainingskonzept lernen die Spieler systematisch den **Konterangriff** und den **Positionsangriff**. Also das Angreifen gegenüber einer aufgerückten und einer tief stehenden Defensive. Im dritten großen Abschnitt dieses Buches geht es um die individuelle Ausbildung eines **Stürmers**. Dieser Teil ist besonders für Jugendtrainer interessant, die über keinen typischen Stürmer verfügen und auf diese Art welche „kreieren" möchten.

Dieses Buch beinhaltet rückblickend auf mein letztes Buch **Spielend zur Viererkette** nochmal einige Informationen zum Thema Viererabwehrkette. Dies resultiert daher, dass ich mein letztes Buch als Grundlage für den hier vorgestellten Offensivfußball verstehe. Nur aus einer geordneten Defensive die auf Ballgewinn ausgerichtet ist, kann ein effektives Angriffsspiel entstehen. Aus diesem Grund habe ich auch den Titel dieses Buches an „Spielend" zur Viererkette angelehnt.

Da sich dieses Buch auf die elementaren Bereiche des Angriffsspiel konzentriert, wird es in diesem Buch kein systematisches Vermitteln von Fußballtechniken (Schießen, Ballannahme, Kopfball, Innenseitstoß) und gruppentaktischen Angriffsmitteln (Doppelpass, Hinterlaufen, Pass in die Tiefe usw.) geben. Diese verschiedenen Elemente werden zwar alle in den kommenden Trainingseinheiten behandelt, doch dienen sie der Umsetzung des Angriffssystems und nicht dem eigentlichen Erlernen. Ein systematisches Trainieren dieser Grundlagen bietet mein Buch **Fußballtraining mit Kids – In zwölf Wochen zum Spitzenteam.**

Mit diesem Buch kommt man, zusammen mit meinen letzten zwei Büchern, auf insgesamt über 250 verschiedene und nach Themen strukturierte Übungen. Alle diese Übungen habe ich nach folgenden zwei Hauptkriterien gewählt und erstellt: Effektivität und Attraktivität. Mit diesem riesen Repertoire an Übungen ist es möglich, gleiche Themen abwechslungsreich, interessant und über einen langen Zeitraum zu trainieren.

Sollte sich eine Mannschaft ganz zu Beginn eines systematischen Angriffsspiel befinden, empfehle ich zuerst im Abwehrpressing zu agieren und die Trainingseinheiten für den Konterangriff zu absolvieren. Dies ist recht leicht und schnell zu vermitteln und führt zu ersten Erfolgen. Um die Spieler taktisch auf den Konterangriff vorzubereiten, sind die Kapitel **Richtig Fußballspielen** und **Ballgewinn mit System** von großem Wert. Das Kapitel **Richtig Trainieren** hilft Fehler im Training zu erkennen und abzuschalten.

Ist die Mannschaft soweit, dass diese den Konterangriff beherrscht, vermittelt man ihr die weiteren Pressingmethoden und trainiert mit ihr den Positionsangriff. Der Positionsangriff gehört jedoch zu den anspruchsvolleren Bereichen im Fußball. Auf engem Raum muss der Ball behauptet werden und man muss variabel und kreativ agieren. Nur so können Räume gegen eine dicht gestaffelt Defensive geschaffen werden, die man dann zum Erspielen einer Torchance nutzen kann.

Nach einer gewissenhaften Vermittlung der Inhalte aus diesem Buch an seine Mannschaft, sollte man in der Lage sein variablen Angriffsfußball zu spielen. Durch wechselnde Pressingmethoden das Tempo des Spiels bestimmen. Gegen aufgerückte und tief stehende Gegner die passenden Taktik wählen.

Tore verhindern ist wichtig, aber Tore erzielen ist noch wichtiger! Alle Spieler sollen sich aktiv am Angreifen beteiligen. Im Defensivfußball können sich die Spieler nur minimal entwickeln. Doch steht der Angriffsfußball im Mittelpunkt einer Mannschaft, so hat man die Basis einer optimalen fußballerischen Entwicklung aller Spieler geschaffen.

Grundlage: Viererabwehrkette

Bevor wir uns mit dem Angreifen befassen, werfen wir nochmal ein Blicken auf die Defensive. Um überhaupt die Möglichkeit zu besitzen effektiven Angriffsfußball zu spielen, muss die Defensive auf Ballgewinn ausgerichtet sein. Die Verhinderung einer Torchance sollte immer nur das Minimalziel sein. Das ballorientierte Verteidigen mit einer Viererabwehrkette ist dabei das ideale Mittel. So wird Überzahl in Ballnähe geschaffen und es steigt die Wahrscheinlichkeit einer kontrollierten Balleroberung. Aufgrund dieser Spielweise besitzt man viele unmittelbare Anspielstationen und kann so einen direkten Gegenangriff starten.

In meinem letzten Buch **Spielend zur Viererkette** habe ich einen systematischen Weg zum ballorientierten Spiel mit Viererabwehrkette gezeigt. Dem Spiel mit der Viererkette eilt zwar das Vorurteil voraus sehr kompliziert zu sein, doch konzentriert man sich auf die wesentlichen Elemente, so bräuchte man nicht länger als fünf Minuten um diese Spielweise einer Mannschaft zu erklären.

Zugegeben, die Erklärung alleine reicht nicht. Es muss auch trainiert werden und durch ständige Wiederholungen stets im Fokus der Spieler gehalten werden. Im Spiel entscheiden nämlich Bruchteile einer Sekunde über den Erfolg. Zeit zum Nachdenken hat man da selten. Es muss sofort gehandelt werden. In der Regel soll man die Entscheidungen seines Handelns, mit Berücksichtigung eigener fußballerischer Fertigkeiten, nach folgenden Kriterien fällen: Wo ist der Ball? Wo ist der Mitspieler? Wo ist der Gegenspieler? Unbedingt die Reihenfolge beachten!

Auch zugegeben, dass das Spiel mit der Viererkette an Qualität verliert, sobald ein einziger Spieler sich nicht an die taktischen Vorgaben hält. Es muss also Ziel des Trainers sein alle Spieler taktisch auf einem Niveau zu bringen und eine absolute Aufmerksamkeit im Spiel ohne Ball zu fordern.

Taktische Erklärungen sollten immer in Verbindung mit einer Taktiktafel getätigt werden. Spielsituationen sollten mit Magneten an der Tafel simuliert werden. Es wurde nämlich nachgewiesen, dass eine Kombination aus Wort und Bild den prägendsten Eindruck auf das menschliche Gehirn hat.

Zurück zur Erklärung der Viererabwehrkette in fünf Minuten. Folgende zwölf Verhaltensregeln gilt es zu beachten. Diese Regeln orientieren sich zwar an das Spielsystem 4-4-2, doch lassen sie sich auch auf alle anderen Spielsysteme übertragen:

1. Alle Spieler haben defensive und offensive Aufgaben!

2. Befindet sich der Gegner in der eigenen Hälfte im Ballbesitz, so bilden die beiden Angreifer die erste Verteidigungslinie!

3. Im Abstand von ca. 10 bis 15 Meter verschieben sie sich ballorientiert auf einer Höhe!

4. Die restlichen Spieler verschieben sich ebenfalls ballorientiert auf einer Höhe. Die Abstände zu den einzelnen Mannschaftsteilen beträgt ca. 10 Meter und die Abstände innerhalb der Mannschaftsteile ebenfalls ca. 10 Meter.

5. Wird die Verteidigungslinie der Angreifer überspielt, setzt der ballnahe Angreifer nach und doppelt nach hinten.

6. Der ballnahe Mittelfeldspieler rückt vor und die anderen drei Mittelfeldspieler rücken ein. Entweder bilden sie ein Abwehrdreieck oder eine Sichel, je nachdem ob sich der ballführende Gegner zentral oder außen befindet.

7. Die Viererabwehrkette bildet nun hinter den Mittelfeldspielern eine Linie. Die Außenverteidiger rücken leicht vor, um eventuelle Pässe nach außen abfangen zu können.

8. Wird das Mittelfeld überspielt, setzt ein ballnaher Mittelfeldspieler nach und doppelt nach hinten.

9. Ein ballnaher Abwehrspieler rückt jetzt vor und die anderen drei Abwehrspieler rücken ein. Entweder bilden sie ein Abwehrdreieck oder eine Sichel, je nachdem, ob sich der ballführende Gegner zentral oder außen befindet.

10. Alle Mittelfeldspieler versuchen sich tiefer als die Ballposition zu postieren.

11. Die beiden Angreifer brauchen, wenn das Mittelfeld überspielt wurde, keine Defensivaufgaben mehr zu erfüllen.

12. Immer kompakt und zweikampfstark!

Mögliche Fehlerquellen

Die Erfahrung zeigt, dass nach der Umstellung auf die Viererabwehrkette einige Dinge auf Anhieb verstanden werden, z. B. das Stellungsspiel. Aber in einigen Spielsituationen wiederholt die gleichen Fehler gemacht werden. Folgende Auflistung soll dem Trainer helfen Fehler zu erkennen und zu korrigieren:

- Ein Innenverteidiger rückt zu dem ballführenden Gegner vor und die beiden seitlich aufgestellten Abwehrspieler sichern nicht in die Tiefe ab. Beziehungsweise geschieht dies nicht schnell genug.

- Die Außenverteidiger rücken zu zögerlich zu dem ballführenden Gegenspieler am Flügel vor.

- Die Spieler attackieren beim Vorrücken zum Gegenspieler sofort den Ball, anstatt den Spieler erstmal zu stellen und das Spiel zu verzögern. Das Spiel zu verzögern bedeutet Zeitgewinn, so dass Spieler nachrücken können und sich die Mannschaft wieder geordnet formieren kann.

- Die Mittelfeldspieler/Angreifer doppeln nicht nach hinten, wenn sie ausgespielt werden.

- Absolviert ein Mitspieler einen Zweikampf oder springt er zum Kopfball, wird er nicht abgesichert.

- Beim seitlichen Verschieben sind die Abstände zu den Nebenleuten zu groß oder zu gering. Idealer Abstand wäre eine maximale Distanz, wo aber immer noch die Möglichkeit besteht ein Pass dadurch abzufangen, also ca. 10 Meter.

- Der Mannschaftsverbund ist beim gegnerischen Spielaufbau zu weit aufgerückt, so dass ohne Mühe die ersten Spieler überspielt werden können. Damit macht man es dem Gegner leicht Überzahl im Angriff zu schaffen. Also tief stehen, aber dennoch auf genügend Abstand zum eigenen Tor achten (sicherer Abstand).

- Bei der Balleroberung und anschließendem Konter rücken die Abwehrspieler zu langsam und nicht weit genug auf. Der Abstand zum Mittelfeld sollte nicht mehr als 10 bis 15 Meter betragen.

- Die Außenverteidiger schalten sich nicht mit ins Angriffsspiel ein. Sie sollen sich aber entweder im Rückraum zu einer Flanke vors gegnerische Tor anbieten, die Mittelfeldaußen hinterlaufen oder selbst nach Innen zur Tormitte ziehen und zum Torabschluss kommen.

- Die Innenverteidiger kommunizieren nicht, z. B. wer von ihnen zum ballführenden Gegner im Zentrum vorrücken soll.

- Die Außenverteidiger postieren sich beim Spielaufbau nicht ausreichend in der Breite.

- Trotz Überzahlsituation in Ballnähe, wird der Ball ins Seitenaus geschlagen oder foulgespielt. In Überzahl immer versuchen den Ball kontrolliert zu erobern.

- Ist der ballführende Gegner am Flügel, lassen sich die Außenverteidiger zu weit nach außen drängen und schließen so nicht die Innenbahn zum Tor.

- Spieler der Viererabwehrkette attackieren zu früh den Ball. Dribbelt ein Gegner auf die Abwehr zu, weicht diese geschlossen bis auf 22 Meter vor dem eigenen Tor zurück. Erst dann Abwehrdreieck oder Abwehrsichel bilden. Das Zurückweichen schafft Zeit für nachsetzende Mittelfeldspieler.

Auf einen Trainer, der noch nichts mit einer Viererabwehrkette zu tun hatte, mögen diese vielen möglichen Fehlerquellen vielleicht abschreckend wirken. Beruhigend kann man aber sagen, dass selbst wenn einige der genannten Fehler gemacht werden, man trotzdem noch effektiver agiert als im gegnerorientierten Spiel mit Libero. Hinzu kommt, dass man durch gezielte Beseitigung der genannten Fehlermöglichkeiten viel Potential zur Leistungssteigerung besitzt.

Der Trainer sollte den Spielern immer wieder das korrekte Handeln anhand vergangenen Spielsituationen erklären. Im Jugendbereich ist der ideale Zeitpunkt dafür vor einem Spiel, in der Halbzeitpause und natürlich vor, während und nach dem Training. Anstatt die Fehler in Einzelgesprächen aufzuarbeiten, sollte man die Lösungen in der kompletten Gruppe besprechen. So können alle Spieler von den Hinweisen profitieren und sie lernen dadurch auch besser die Aufgaben ihrer Mitspieler kennen. Idealerweise führt dies auch zu einem flexibleren Einsatz auf den Spielpositionen.

Vier Stufen zum Erfolg

Im Fußball müssen viele Faktoren stimmen um erfolgreich zu sein. Erfolg bedeutet jedoch nicht ausschließlich Spiele zu gewinnen. Gerade im Jugendfußball müssen andere Prioritäten gelten als der Punktgewinn. Erfolg bedeutet hier Spieler so auszubilden, dass sie im Seniorenalter den Sprung in die vereinsführende Mannschaft schaffen.

Ob dies gelingt hängt sehr von den Fähigkeiten der Jugendtrainer ab. Erreicht der Trainer mit seinen Ansprachen die Spieler? Ist er in der Lage qualitativ gutes Training zu bieten? Schafft er es eine positive Stimmung innerhalb der Mannschaft zu erzeugen? Kann er seine Spieler so motivieren, dass diese eine große Leistungsbereitschaft entwickeln?

Je nachdem welche Mannschaft man trainiert ist dies aber nicht leicht umzusetzen. Etliche Schwierigkeiten können auftreten, die die hohen Ziele eines ambitionierten Trainers schnell gefährden. Deshalb versuche ich in diesem Kapitel eine möglichst universelle Lösung für die üblich auftretenden Probleme zu finden. Vier Stufen gilt es zu bewältigen, um jede Mannschaft auf die Erfolgsspur zu bringen!

Die erste Stufe betrifft das soziale Miteinander. Folgende drei Punkte sollten unbedingt von allen Spielern, Trainern und Betreuern befolgt werden:

1. **Loben**

2. **Helfen**

3. **Kommunizieren**

Wer lobt entwickelt ein Verantwortungsgefühl. Das Selbstbewusstsein und die Motivation steigt wenn man gelobt wird. Die Folge ist ein respektvoller Umgang miteinander. Man bedenke, dass der Mensch immer dazu neigt weiter zu geben, was ihm selbst widerfahren ist. Am wichtigsten ist immer der erste Schritt und dieser muss vom Vorbild Trainer ausgehen!

Wer hilft identifiziert sich mit dem Handeln anderer. Wem geholfen wird, wird später selber zum Helfer. Durch die gegenseitige Unterstützung steigt, neben der Qualität der Handlungen, auch das Wohlbefinden des Einzelnen. Auch hier sollte der Trainer als Vorbildfunktion den ersten Schritt machen und allen Spielern helfend zur Seite stehen.

Missverständnisse und Unmut entstehen oft durch ein Mangel an Kommunikation. Der Trainer unterstützt die Spieler dabei, dass sie lernen ihre Gefühlswelt mitzuteilen. Die Meinung jedes Spielers ist zu berücksichtigen. Als Trainer auch darauf achten, dass die Kommunikation nicht zu oberflächlich wird und deshalb die Entfaltung der Persönlichkeit des Spielers hemmt.

Die nächste Stufe zum Erfolg im Fußball deckt die sportlich/taktische Seite ab. Es ist wichtig zu wissen, dass die Art Fußball zu spielen sich in den letzten Jahren massiv verändert hat. Früher wurde hauptsächlich in der Manndeckung verteidigt und heute dominiert das Kollektiv. Es kam die Erkenntnis, wenn man als **Mannschaftsverband** kompakt gegen den Ball verteidigt, der Angriff nicht nur effektiv abzuwehren ist, sondern auch ideale Voraussetzungen einer Balleroberung bestehen. Daraus ergibt sich folgende Rangfolge an Kriterien, die das eigene Handeln auf dem Spielfeld bestimmt:

1. **Position des Balls**

2. **Position des Mitspielers**

3. **Position des Gegenspielers**

Bei gegnerischem Ballbesitz verschiebt sich der komplette Mannschaftsverband Richtung Ballposition. Dabei werden die Abstände zu den Mitspielern eingehalten. Die eigene Handlungen werden denen der Mitspieler angepasst. Rückt z. B. ein Innenverteidiger Richtung ballführenden Gegner vor, so müssen die zwei Nebenleute in der Tiefe einrücken, um zusammen mit dem vorgerückten Innenverteidiger ein Abwehrdreieck zu bilden. Am unwichtigsten für die eigenen Handlungen ist die Position des Gegenspielers. Oberste Priorität hat die Verengung von gefährlichen Räumen vor dem eigenen Tor. Ballferne Gegenspieler werden zugunsten der Kompaktheit nicht besonders beachtet.

Früher im sogenannten Gegnerorientierten Spiel mit Libero und Manndeckern sah diese Reihenfolge an Kriterien noch vollkommen anders aus: 1. Position des Gegenspielers, 2. Position des Balls und 3. Position des Mitspielers. Durch dieses System stand die Torverhinderung im Mittelpunkt. Heute ist sie nur noch das Minimalziel und das Hauptziel ist die Balleroberung.

Eine kontrollierte Balleroberung wird durch Überzahl in Ballnähe begünstigt, weil ein ganzer Mannschaftsverband gegen einen einzelnen Gegner agiert. Somit ist die Aufrechterhaltung des Mannschaftsverbandes wichtiger als eine Manndeckung. Der Fußball bietet daher auf dem ersten Blick ein interessantes Paradoxon: Um den Ball vom Gegner zu erobern, muss man sich mehr am eigenen Mitspieler orientieren, als am Gegner selbst.

Im Fußball war es noch nie so wichtig als Einheit aufzutreten, wie heutzutage im Ballorientierten Spiel. Dieser Umstand wird unter Fußballexperten auch als größter Trend im Weltfußball 2010 bezeichnet. Das Auftreten als Team und die Fähigkeit Bestandteil einer Einheit zu sein, begünstigt nicht nur den sportlichen Erfolg, sondern dient auch der Charakterbildung des Spielers. Wer im Fußball von den Vorteilen eines sozialen Umgangs gelernt hat, wird auch einen Sinn darin sehen dies auch außerhalb des Platzes zu praktizieren.

Es gibt weitere Faktoren die den Erfolg einer Mannschaft bestimmen. Der Fußballtrainer Christian Gross wurde mit Basel und Zürich insgesamt sechsmal Schweizer Meister, fünfmal Pokalsieger, erreichte 2001 das UI-Cup-Finale, qualifizierte sich viermal für die Champions League und war neunmal Trainer des Jahres in der Schweiz. Nach Christian Gross kennzeichnet eine erfolgreiche Fußballmannschaft drei Eigenschaften:

1.   **Kompaktheit**

2. **Zweikampfstärke**

3. **Effektivität**

Kompaktheit wird durch die Bildung eines Mannschaftsverbandes erreicht. Nicht mehr einzelne Spieler agieren gegen den Gegner, sondern die ganze Mannschaft verschiebt sich geschlossen gegen den Ball. Dadurch werden aussichtsreiche Räume für den Gegner zugestellt. Angespielte Gegner können in diesen Bereichen sofort von mehreren Spielern attackiert werden. Zusätzlich erreicht man durch diese Raumverengung, die sich in der Regel auf der Innenbahn zwischen Ball und eigenem Tor befinden, dass gefährliche Pässe in Tiefe abgefangen werden können.

Zweikampfstärke ist gekennzeichnet durch mutigen Einsatz und den absoluten Willen sich bestmöglich für den Erfolg der Mannschaft einzubringen. Zweikampfstärke bedeutet nicht unfair zu spielen. Denn Freistöße durch geahndete Fouls sind in der Regel für eine Mannschaft schwerer zu verteidigen als ein Angriff aus dem laufenden Spiel.

Effektivität erreicht man durch gradliniges und schnelles Spiel nach vorne. Unnötige Quer-, Rückpässe und Dribblings werden vermieden. Ein effektives Spiel zeichnet sich auch oft durch geduldiges Verteidigen oder ein geduldiges Ballhalten aus, um dann in den entscheidenden Situationen zu zuschlagen.

Alle beteiligten Personen in und um einer Mannschaft benötigen eine Orientierungshilfe, wie sie sich für den Erfolg bestmöglich einbringen können. Diese Hilfe bietet der weltbekannte Fußballtrainer Louis van Gaal, indem er jedem Bereich einen Wichtigkeitsfaktor zuordnet. Alle Handlungen sollen demnach an folgende Prioritätenliste ausgerichtet werden:

1. **Mannschaft**

2. **Spieler**

3. **Trainer**

Möchte eine Mannschaft erfolgreich sein, so muss jeder Einzelne seine eigenen Interessen zugunsten der Gemeinschaft zurückstellen. Am zweitwichtigsten ist es die Bedürfnisse des einzelnen Spielers zu erfüllen. Fühlt er sich akzeptiert und respektiert, sinkt sein Verlangen sich auf Kosten der Mannschaft zu profilieren. Der Trainer dagegen nimmt den letzten Platz dieser Reihenfolge ein. Seine Aufgabe ist es die Bedürfnisse von Mannschaft und Spieler so zu koordinieren, dass ein maximaler Erfolg möglich ist.

Im Idealfall ist der Trainer in der Lage den Spielern zu zeigen wie sie ihre individuellen Stärken zum Wohle der Mannschaft einsetzen können. Wer sich im Dienste der Mannschaft stellt, soll durch ein Lob vor der Gruppe in seinem Handeln bestärkt werden. Im Bewusstsein der Mannschaft sollte es sich verankern, dass ein Spieler der sein Team stark macht, wichtiger ist als ein starker Spieler!

Das Schlusswort über Erfolg im Fußball geht an Reiner Calmund: „Kompetenz und Leidenschaft sind der Schlüssel zum Erfolg!"

Richtig Fußballspielen

Im Fußballspiel gibt es immer wiederkehrende Verhaltensweisen die man als Spieler und als Mannschaft an den Tag legen muss um erfolgreich zu sein. Wie verhält man sich bei gegnerischem Ballbesitz? Wie verhält man sich bei eigenem Ballbesitz? Welche mentalen Eigenschaften kennzeichnen einen Spieler der in beiden Fällen gute Leistung zeigt?

Diese drei Fragen werden in diesem Kapitel stichwortartig beantwortet und mit einer genaueren Erklärung vervollständigt. Der Abschnitt über die Verhaltensweisen **nach dem Ballgewinn** ist nochmals in zwei Dringlichkeitsbereiche unterteilt.

<u>**Vor dem Ballgewinn:**</u>

- **Druck**: Dem ballführenden Gegner möglichst wenig Zeit zur Ballverarbeitung lassen. Dies ist das grundlegendste Mittel die Spielmöglichkeiten des Gegners einzuschränken!

- **Abwehrdreieck**: Ball ist auf zentraler Position: Der ballnahe Spieler übt druck auf den Ballführenden aus und die Mitspieler auf den benachbarten Positionen rücken ein und bilden zusammen mit dem aufgerückten Spieler ein Dreieck. Für diese Aktion muss laut und klar kommuniziert werden **wer** vorrückt!

- **Abwehrsichel**: Ball ist außen: Der ballnahe Spieler übt druck auf den Ballführenden aus, die anderen Abwehrspieler rücken zur ballnahen Seite ein und bilden zusammen eine Sichel. Ballferne Gegenspieler werden ignoriert!

- **Kompaktheit**: Bildung eines engen Mannschaftsverbandes. Dieser befindet sich auf der Innenbahn zwischen Ball und eigenem Tor. Pässe durch diesen Block sollen abgefangen werden und hier angespielte Gegner sollen von mehreren Seiten attackiert werden können!

- **Verschieben**: Der Mannschaftsverband positioniert sich nach jeder neuen Ballposition so, dass stets Kompaktheit vor dem Ball gewährleistet ist. Beim Verschieben bleiben die Abstände der Spieler zueinander gleich!

- **Doppeln**: Den Gegner zu Zweit oder sogar zu Dritt attackieren. Dies erhöht die Chance einer kontrollierten Balleroberung. Nur in Unterzahl-Situationen den Ball unkontrolliert wegspielen!

- **Nachsetzen**: Sobald ein Spieler überspielt wurde setzt er nach um den Ballführenden weiter unter Druck zu setzen. Die Mitspieler auf den benachbarten Positionen versuchen sich schnellstmöglich hinter dem Ball zu positionieren!

- **Zweikampfkraft**: Fair aber entschlossen die Zweikämpfe bestreiten. Auch im Training!

- **Pressing**: Schon vor Spielbeginn das Pressingverhalten in den verschiedenen Phasen des Spiels vorgeben. Im Spiel durch laute Kommandos von zentral postierten Spielern kurzzeitig aufs Angriffspressing umschalten. **Alle** Spieler beteiligen sich an den Aktionen!

Nach dem Ballgewinn (Elementar):

- **Ball sichern:** Direkt nach dem Ballgewinn in den freien Raum dribbeln oder einen Mitspieler im freien Raum anspielen! Im Spielaufbau 1-gegen-1-Situationen vermeiden!

- **Ausschwärmen:** Möglichst viele Spieler schieben vor dem Ball. Anspielstationen im Rückraum bilden die Innenverteidiger und eventuell, je nach Verhalten des Gegners, noch der ballferne Außenverteidiger!

- **Raumaufteilung:** Maximale Breite und Tiefe erzeugen. Zusätzlich noch zentrale Räume besetzen. Offene Stellung der Außenspieler und Angreifer Richtung Ball und auch die zentralen Spieler haben eine leicht schräge Stellung zu einer Seite!

- **Rautenbildung:** Anspielstationen zu beiden Seiten und in die Tiefe schaffen. Sich permanent dem Ballführenden anbieten. Nicht im Deckungsschatten des Gegners bleiben!

- **Gruppentaktische Angriffsmittel:** Nach kreativem Ermessen der Spieler Direktspiel, Doppelpass, Hinterlaufen, Gegner binden, Pass in die Tiefe (Reihe überschlagen) einsetzen und miteinander kombinieren!

- **Torabschluss suchen:** Statistisch gesehen erzielt die Mannschaft mehr Tore, die auch häufiger aufs Tor schießt!

Nach dem Ballgewinn (Fortgeschritten):

- **Tiefe vor Breite:** Nach Möglichkeit direkt nach der Ballsicherung in die Tiefe passen. Im Idealfall überspielt man so einen kompletten Mannschaftsteil des Gegners. Nur wenn in der Tiefe kein freier Mitspieler postiert ist, wird in die Breite gepasst. Risikopässe vermeiden!

- **Spielübersicht:** Bevor ein Spieler einen Pass bekommt, sollte er die Positionen der Spieler um sich herum kennen und wissen wie er nach dem Zuspiel handeln wird!

- **Freie Räume:** Freilaufbewegungen aufeinander abstimmen. Freie Räume schaffen und in freie Räume starten!

- **Vom Gegner lösen:** Blickkontakt herstellen und erst wenn der Ballführende abspielen kann mit einer Lauffinte vom Gegner lösen!

- **Spielverlagerungen:** Bei engen Räumen im höchsten Tempo die Spielfeldseiten wechseln. Nach Möglichkeit im Direktspiel oder zumindest mit dem ersten Ballkontakt den nächsten Pass vorbereiten. Auch Positionen überspielen!

- **Red-Zone:** Mitspieler zwischen Abwehr und Mittelfeld des Gegners anspielen. Links und Rechts vom Ballführenden können nun Spieler in die Tiefe starten und stehen nach einem Zuspiel frei vor dem Tor!

- **Kreuzen:** Diese Art des Positionswechsels kann gerade vor der gegnerischen Abwehrreihe sehr effektiv sein, weil die Defensive die entstehenden Passmöglichkeiten erst sehr spät erkennt!

- **Gegner binden:** Möglichst viele 2-gegen-1-Situationen provozieren. Der Ballführende dribbelt auf einen Gegner zu, ein Mitspieler hinterläuft, bietet sich zum Doppelpass an oder startet longline in die Tiefe!

- **Diagonale Pässe:** Mit langen diagonalen Pässe Mitspieler die aus der Tiefe starten anspielen!

- **1 gegen 1:** 1-gegen-1-Situationen vor dem gegnerischen Tor suchen. Entweder um frei vor dem Torwart zu stehen oder um weitere Abwehrspieler auf sich zu ziehen!

- **Zielstrebigkeit:** Quer- und Rückpässe nur bei fehlender Anspielstation in der Tiefe spielen. Alle Pässe möglichst direkt spielen oder nach einer kurzen Annahme in die Passrichtung!

Mentale Voraussetzung:

- **Absoluter Einsatzwille:** Kontrollierte Aggression!

- **Instinktiv spielen:** Sich nur über die allernötigsten Sachen Gedanken machen!

- **Besonnenheit:** Ruhe bewahren und Geduld haben!

- **Freude am Spiel:** Positive Grundeinstellung!

- **Aufmerksamkeit:** Spiel auch ohne Ball genau beobachten. Sich stets ein Bild des gesamten Spiels machen und antizipieren wie sich das Spiel entwickeln könnte!

- **Selbstvertrauen:** Sich seinen Stärken bewusst sein!

- **Verantwortung übernehmen:** Das Team führen, indem man Entscheidungen trifft!

- **Hilfsbereitschaft:** Mannschaftsdienlich spielen!

- **Bescheidenheit:** Bei Erfolgen immer zuerst die Verdienste anderer hervorheben. Ohne die Leistung anderer erreicht man im Fußball nichts!

Ballgewinn mit System

Wer am Ende ein Fußballspiel gewinnt, hängt im großen Maße davon ab wie gut eine Mannschaft das **Umschalten** beherrscht. Ist sie in der Lage den Moment indem der Ballbesitz wechselt alles Notwendige für die neue Situation zu unternehmen? Wie man effektiv von Abwehr auf Angriff und umgekehrt umschalten kann wird dieses Kapitel zeigen.

Alle Spieler sollten also genau wissen, wie sie sich im Moment des Ballgewinns und in dem Moment des Ballverlustes zu verhalten haben. Nur so können sie einen gefährlichen Konter gegen eine ungeordnete Defensive starten, bzw. nach Ballverlust sofort den Gegner so in seinen Handlungsmöglichkeiten einschränken, dass eine direkte Wiedereroberung des Balls möglich ist.

Ob dies nun wie gewünscht funktioniert, hängt in erster Linie von der Anzahl der eigenen Spieler in Ballnähe ab. Um Überzahl oder zumindest Gleichzahl in Ballnähe zu erreichen, müssen sich alle Spieler an Defensiv- und Offensivaktion beteiligen und alle Spieler ständig Richtung Ball verschieben. Nur so kann man im Fall des Ballgewinns viele Anspielstationen in Ballnähe besitzen, bzw. bei Ballverlust die Möglichkeit den Ballgewinner direkt unter Druck zu setzen und Passwege zuzustellen.

Trifft man nun auf eine Mannschaft die ebenfalls alles daran setzt in Ballnähe Überzahl zu schaffen, kann man die Umschaltphasen trotzdem für sich entscheiden, indem man seine Mannschaft in folgenden vier Punkten verbessert:

- **Einen Wechsel des Ballbesitzes frühestmöglich erkennen**
- **Die Position möglichst vieler Spieler auf dem Feld kennen**
- **Auf Situationen schnell reagieren**
- **Gute Fertigkeiten in allen Balltechniken, Koordination, Kraft, Antrittsschnelligkeit, Doppeln, 1 gegen 1**

Durch folgende Trainingsschwerpunkte kann man seine Mannschaft in diesen vier Bereichen verbessern: Punkt 1: **Antizipation**. Punkt 2: **Peripheres Sehen**. Punkt 3: **Handlungsschnelligkeit**. Punkt 4: Balltechniken wie **Direktspiel**, **Dribbling**, **Finten** und **Ballannahme** sind sehr wichtig und die anderen genannten Stichworte sind eigenständige Trainingsschwerpunkte.

Die **Antizipation** zeichnet sich dadurch aus, dass der Spieler aufgrund seiner Spielintelligenz und der Intuition in der Lage ist zu erkennen, wie sich eine Spielaktion entwickeln wird. So kennt er die zukünftige Situation noch bevor sie tatsächlich eingetreten ist. Durch den damit verbundenen Gedankenvorsprung, erhält er die Möglichkeit seine Aktion bereits einzuleiten, noch bevor der Gegner diese wahrnimmt.

Die Antizipation kann im Training durch leicht dosierte Überforderungen verbessert werden. Erst wenn das bewusste Nachdenken „überlastet" ist, wird automatisch intuitiv gehandelt. Unterbrechungsfreie Spielformen z. B. mit vielen Spielern auf engem Raum erzwingen diesen Prozess.

Der nächste Punkt **Peripheres Sehen** ermöglicht es dem Spieler jederzeit ein Überblick über die Positionen aller Mitspieler und Gegenspieler in Ballnähe zu besitzen. Diese Informationen sorgen dafür, dass er z. B. beim Ballgewinn nicht erst schauen muss wo sich seine Mitspieler befinden, sondern er kann das Spiel zügig ohne Zeitverlust fortsetzen. Das periphere Sehen kann z. B. durch Einbringen eines zweiten Balls in Spielformen effektiv trainiert werden.

Der dritte Punkt, die **Handlungsschnelligkeit**, bezeichnet die Dauer von der Wahrnehmung einer Situation bis hin zur passenden motorischen Umsetzung. Läuft bei einem dieser Vorgang schneller als beim Gegner ab, so verfügt man über einen Zeitvorsprung. Der Gegner müsste dann schon in anderen Bereichen stärker sein um dies auszugleichen. Grundsätzlich gilt also, wenn man früher als der Gegner in die neue Situation eingreifen kann, schwächere fußballerische Qualitäten nicht so sehr ins Gewicht fallen. Die Handlungsschnelligkeit wird besonders gut in Spielformen auf engem Raum trainiert. Aber auch bei Übungen die schnell wechselnde Spielbedingungen provozieren, wie z. B. Über- und Unterzahl.

Der vierte Punkt setzt sich aus fußballerischen Elementen zusammen die zum allgemeinen Fußballtraining gehören. Klar ist, dass auch eine gewisse fußballerische Qualität vorhanden sein muss, um den Moment des Ballwechsels für sich zu entscheiden.

Einen weiteren Vorteil beim Umschalten erhält man, wenn man den Ballgewinn und Ballverlust schon im eigenen taktischen Agieren berücksichtigt. Bei einem Angriff sollte das Mittelfeld sich gestaffelt in die Offensive einschalten, um bei einem etwaigen Ballverlust über eine Absicherung zu verfügen. Außerdem ist man bei Ballbesitz in der Pflicht alles erdenkliche zu unternehmen, um auch in Ballbesitz zu bleiben. Das heißt z. B. Anspielstationen in Breite und Tiefe schaffen, permanentes Freilaufen und risikoreiche Aktionen vermeiden.

Beim Versuch einer Balleroberung sollten sich nicht alle Spieler hinterm Ball befinden. Zumindest ein Angreifer sollte für einen etwaigen Konter vor dem Ball bleiben. Damit der Angreifer nach dem Ballgewinn in der Tiefe angespielt werden kann, darf er durch zu große Abstände nicht den Kontakt zur restlichen Mannschaft verlieren. Schon im Vorfeld eines Konters sind freie Räume zu erkennen. Sobald der Ball erobert wurde wird Blickkontakt hergestellt, sich vom Gegner gelöst und in den freien Raum gestartet.

Wie bereits erwähnt ist es beim Umschalten unerlässlich, dass sich alle Spieler geistig und motorisch voll auf die neue Spielsituation einstellen und sich an den nun erforderlichen Handlungen beteiligen. Konkret bedeutet dies bei Ballverlust, dass der ballnahste Spieler sofort druck auf den Ball ausübt, um den Handlungsrahmen des Gegners klein zu halten. Ausgespielte Mitspieler setzen nach und versuchen dadurch schnellstmöglich hinter den Ball zu kommen. Weitere Mitspieler rücken Richtung Ball ein, um zusammen mit den nachsetzenden Spielern einen kompakten Block vor dem ballführenden Gegner zu bilden. Beim Zurücklaufen werden idealerweise mögliche Passwege des Gegners gekreuzt.

Erstrebenswert ist es auch, dass der druckausübende Mitspieler die Spitze eines Abwehrdreiecks ist. Somit unterbindet man gefährliche Pässe des Gegners in die Tiefe.

Aussichtsreiche Situationen zum Doppeln sollte man erkennen und provozieren. Der ballführende Gegner wird dabei durch eine seitliche Stellung zu einem tiefer postieren Mitspieler gesteuert.

Abwehrpressing

4-4-2

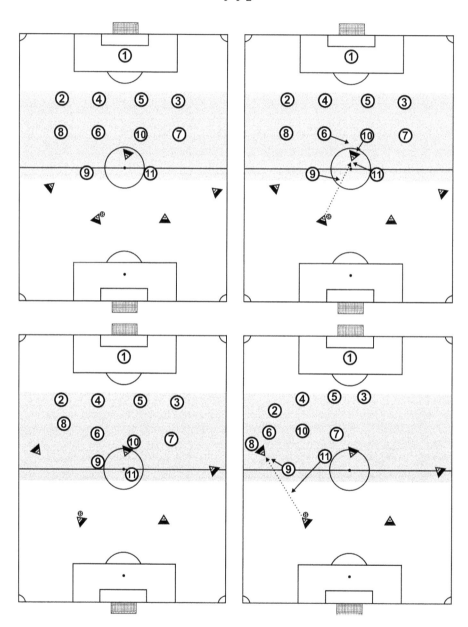

Was kann man als Trainer tun, um gegen einen individuell besser besetzten Gegner zu gewinnen? Die einzige Lösung lautet geschlossen als Team aufzutreten. Eine gemeinsame Taktik verfolgen in der das Kollektiv im Mittelpunkt steht. Ziel sollte es dann sein durch geschicktes agieren immer wieder Überzahl in Ballnähe zu schaffen, beim Gegner eine ungeordnete Defensive mit vielen freien Räumen provozieren und durch schnelles Kontern Torchancen erspielen.

Freie Räume in der gegnerischen Defensive schafft man durchs Herauslocken des Gegners. Dies wird erreicht indem sich alle Spieler, bis auf die beiden Angreifer, in die eigene Hälfte zurückziehen und dort einen kompakten Mannschaftsverband bilden. Der Gegner ist so gezwungen mit vielen Spielern vorzurücken, um eine Chance zu haben den kompakten Mannschaftsverband zu überbrücken.

Spielt der Gegner nun einen Pass in den Mannschaftsverband wird der Angespielte massiv, mit dem Ziel des Ballgewinns, von sämtlichen Seiten unter Druck gesetzt. In dieser Phase ist der Gegner in der Regel weit aufgerückt und in der Breite gestaffelt. Nun kann man mit einem Ballgewinn und einem schnellen Pass in die Tiefe die großen Lücken und freien Räume für einen aussichtsreichen Konter nutzen.

Die benötigte Kompaktheit bei einem Pass in den eigenen Mannschaftsverband kann nur dadurch erreicht werden, dass sich die Mannschaft beim gegnerischen Spielaufbau lediglich seitlich verschiebt (selbst bei Rückpässen). So bleiben stets zwei Viererketten hinter dem Ball. Die beiden Angreifer provozieren durch ihr Laufverhalten einen Pass in einem bestimmten Bereich des Mannschaftsverbands.

Lässt man sich jedoch durch Rückpässe beim gegnerischen Spielaufbau unkontrolliert aus der eigenen Hälfte locken, hat der Gegner die Möglichkeit durch ein schnelles vertikales Spiel ganze Mannschaftsteile auszuspielen. In diesem Fall muss die Viererabwehrkette in Unterzahl gegen einen ganzen gegnerischen Angriffsverband verteidigen.

Beim seitlichen Verschieben unbedingt darauf achten, dass man geschlossen als Block gegen den Ball agiert. Die Abständen zwischen den einzelnen Mannschaftsteilen und den benachbarten Spielpositionen sollte jeweils zwischen acht und zehn Meter betragen. Während des Verschiebens dürfen sich diese Abstände nicht verkleinern oder vergrößern.

Diese beschriebene Spieltaktik wird im Fußball als **Abwehrpressing** bezeichnet. Das Abwehrpressing wird grundsätzlich in zwei Varianten unterteilt. Bei der ersten Variante wird das gegnerische Angriffsspiel ins Zentrum und bei der zweiten Variante nach außen gelenkt.

Entscheidet man sich für **Variante Eins** verschieben die beiden Angreifer, kurz nach der Mittellinie, auf gleicher Höhe mit vergrößertem Abstand zueinander ballorientiert. Der Passweg ins Zentrum ist offen. Der dort postierte Gegenspieler darf nicht zu eng gedeckt werden, da man den Anschein erwecken will, dass dieser ungestört angespielt werden kann. Wird dies nun getan, wird dieser von möglichst vielen Seiten attackiert. Der ballnahe Angreifer setzt nach (der ballferne Angreifer stellt Rückpassmöglichkeiten zu) und ein zentraler Mittelfeldspieler übt Druck auf den Angespielten aus. Der zweite zentrale Mittelfeldspieler sichert diese Aktion ab. Im Fall, dass der Angreifer nicht nachsetzt, wird dem ballführenden Gegner durchs Doppeln der Durchbruch Richtung eines zweiten Mittelfeldspielers angeboten.

Variante Zwei besagt, dass man das Angriffsspiel des Gegners nach außen lenkt. Hier agieren die beiden Angreifer mit verringertem Abstand zueinander und in einer leichten Tiefenstaffelung. Die beiden Mittelfeldaußen stehen etwas tiefer, damit der Flügel unbesetzt wirkt. Erst wenn der Ball vom Gegner über die Mittellinie zu einem äußeren Spieler gepasst wird, beginnt der Versuch der Balleroberung. Der ballnahe Mittelfeldaußen rückt zum Ballführenden vor, verstellt die Außenbahn um ihn den Durchbruch nach Innen zu dem benachbarten Mittelfeldspieler anzubieten. Der ballnahe Angreifer setzt zum Doppeln nach Hinten nach. Der zweite Angreifer stellt das Zentrum zu und die beiden Viererketten bilden je eine Abwehrsichel. Ahnt der zweite Angreifer (11) einen Rückpass des Mittelfeldaußen, so rückt er vor um diesen eventuell abzufangen.

Variante Eins ist deutlich einfacher umzusetzen, da es weniger Anspruch an einem korrekten Doppeln stellt. Für Anfänger ist also diese Variante zu empfehlen. Sollte der Gegner dabei nicht den Pass ins Zentrum suchen und er dribbelt auf die Lücke zwischen den beiden Angreifern zu, so muss man auf Variante Zwei umstellen.

Mittelfeldpressing

4-4-2

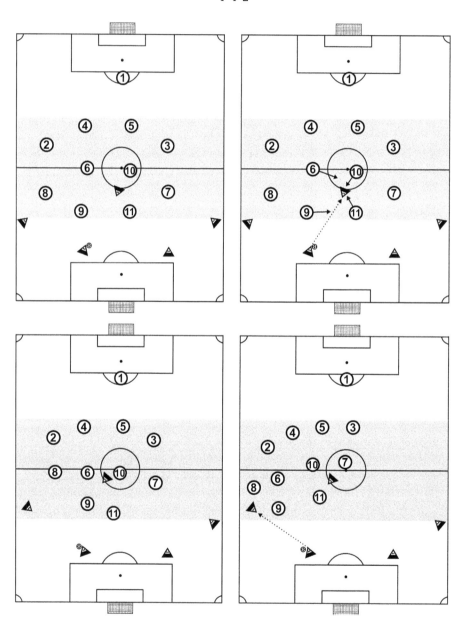

Ein wichtiger Grund weshalb sich das ballorientierte Spiel gegenüber dem gegnerorientierten Spiel durchgesetzt hat, liegt im geringeren Kraftaufwand den man für ein effektives Verteidigen betreiben muss. Mittels den eingesparten Kräften verfügt man nun über Energiereserven die man phasenweise nutzen kann, um den Gegner tief in seiner Hälfte einzuschnüren. Diese Vorgehensweise bezeichnet man als **Angriffspressing**. Da bei dieser Aktion alle Spieler massiv Richtung Ball verschieben, weil für den ballführenden Gegner alle Anspielstationen zugestellt werden müssen, kostet diese Aktion viel Kraft. Schafft man es dann nicht den Ball zu erobern, so kostet es nochmals viel Kraft schnell umzuschalten, um wieder das eigene Tor zu sichern.

Deshalb wird das Angriffspressing beispielsweise nur angewendet, wenn man kurz vor Ende des Spiels noch ein Tor erzielen muss, als Überraschungseffekt, ein Gegner an der Seitenlinie angespielt wird, oder wenn man erkennt, dass ein bestimmter Gegenspieler sehr unsicher im Spielaufbau ist. Dieser würde nun, sobald ein Pass zu ihm gespielt wird, massiv unter Druck gesetzt. Der große Vorteil des Angriffspressing ist es, dass man den Ball direkt vor dem gegnerischen Tor erobern kann und deshalb nur noch eine kurze Distanz für einen Treffer zu überbrücken ist.

Neben dem Angriffspressing gibt es zwei weitere Pressingmethoden. Das im vorherigen Kapitel vorgestellte Abwehrpressing und das gleich besprochene Mittelfeldpressing. Grundsätzlich gilt, dass in jeder Phase des Spiels eine dieser drei Pressingmethoden angewandt wird. Das **Abwehrpressing** um einen Vorsprung zu verteidigen oder gegen einen wesentlich stärkeren Gegner auf Konter zu spielen. Vorteil ist es hier, dass man in den gefährlichen Räumen für seine Mannschaft sehr kompakt und stets geordnet steht. Bei einem Ballgewinn befindet sich der Gegner meist weit aufgerückt, so dass es möglich ist mittels wenigen Pässen einen Mitspieler im Rücken der gegnerischen Abwehr anzuspielen. Nachteil ist es, dass der Weg zum gegnerischen Tor recht weit entfernt ist und dass die Angreifer sich aufgrund des reduzierten Anforderungsprofil (Schnelligkeit, Tempodribbling und Schuss) bei einer solchen Spielweise nicht so gut weiterentwickeln können, als bei den anderen beiden Pressingmethoden.

Die dritte und gängigste Pressingmethode ist das **Mittelfeldpressing**. Das Mittelfeldpressing ist geeignet das ganze Spiel über praktiziert zu werden und gilt als Kompromiss zwischen dem Abwehrpressing und dem Angriffspressing. Die Entfernung zum gegnerischen Tor ist nicht allzu groß und trotzdem verfügt man über einen kompakten Mannschaftsverband der den Gegner vom eigenen Tor auf Distanz hält. Das Mittelfeldpressing und deren zwei Auslegungsvarianten, Angriff ins Zentrum und Angriff nach Außen lenken, sehen wie folgt aus:

Agiert man im Mittelfeldpressing, so befinden sich grundsätzlich alle Feldspieler bei gegnerischem Spielaufbau hinter dem Ball und im mittleren Drittel des Spielfeldes. Die einzelnen Mannschaftsteile und die benachbarten Spielpositionen sind nicht weiter als acht bis zehn Meter voneinander entfernt und versuchen gerade im zentralen Bereich (gefährlichster Raum fürs eigene Tor) kompakt zu stehen. Aus diesem Grund wird beim Verschieben nie komplett bis zur Seitenlinie geschoben, sondern immer nur soweit, dass die Innenbahn zum eigenen Tor geschlossen ist.

Bei Spielverlagerung (Quer- und Rückpässe) des Gegners reagiert man ausschließlich mit seitlichem Verschieben. Man wartet geduldig darauf, dass ein Gegenspieler im eigenen kompakten Mannschaftsverband angespielt wird, um diesen dann von möglichst vielen Seiten zu attackieren. Diese Überzahl am Ball soll zu einer kontrollierten Balleroberung führen und der Beginn eines Gegenangriffs sein.

Wie bereits im Kapitel über das Abwehrpressing zu sehen war, gibt es im Fußball Mittel den Angriff des Gegners in einem bestimmten Bereich seines Mannschaftsverbands zu lenken. Durch geschicktes Stellungsspiel provoziert man entweder einen Angriff über Außen oder durch die Mitte. Es muss lediglich der Anschein erweckt werden, dass ein bestimmter Bereich des Spielfeldes viel Raum für eine Spielfortsetzung bietet. Die verteidigende Mannschaft ist jedoch komplett auf diesen Pass eingestellt und wird den Gegner gerade hier besonders effektiv bekämpfen können.

Entscheidet man sich dazu dem Gegner freie Räume im Zentrum vorzutäuschen, so agieren die beiden Angreifer in größerer Distanz zueinander. Die Mittelfeldaußen rücken leicht vor, um Anspielstationen am Flügel zuzustellen. Die beiden zentralen Mittelfeldspieler lassen Gegenspieler im Zentrum gerade soviel Freiraum, dass der Gegner einen Pass zu diesen als sinnvoll erachtet. Sobald nun der Gegenspieler im Zentrum (Pass durch die beiden Angreifer) angespielt wird, wird er attackiert. Die beiden zentralen Mittelfeldspieler doppeln ihn und der ballnahe Angreifer doppelt nach hinten. Der zweite Angreifer stellt die Rückpassmöglichkeit zu.

Entscheidet man sich aber dazu den Gegner auf dem Flügel zu attackieren, beispielsweise weil die eigenen Außenspieler sehr zweikampfstark sind und die gegnerischen Außenspieler Schwächen im Zweikampf und der Ballverarbeitung haben, agiert man wie folgt: Die eigenen Mittelfeldaußen postieren sich tief um freien Raum am Flügel vorzutäuschen. Die beiden Angreifer haben einen kleineren Abstand zueinander und verschieben leicht gestaffelt. Sobald nun ein Gegner am Flügel innerhalb des eigenen Mannschaftsverbands angespielt wird, stößt der ballnahe Mittelfeldaußen zum angespielten Gegner vor, schließt durch seitliche Stellung die Außenbahn und bietet ihm den Durchbruch zu einem zweiten Mittelfeldspieler an. Der ballnahe Angreifer doppelt nach hinten und der zweite Angreifer besetzt das Zentrum und fängt eventuell einen Rückpass des Gegners ab.

Durch das Mittelfeldpressing und auch den anderen Pressingvarianten verschafft man sich einen enormen Vorteil. Der Gegner wird immer in eine für ihn ungünstige Situation gebracht. Wendet man das Pressing korrekt an, so sieht sich der ballführende Gegner immer einer Überzahl an Spielern gegenüber und selbst seine Passmöglichkeiten, um sich aus dieser Situation zu befreien, sind sehr eingeschränkt. Der Ballgewinn wird so für die verteidigende Mannschaft möglichst einfach gestaltet und ist der Ball dann erobert, ist man durch die vielen Anspielstationen in Ballnähe in der Lage effektiv nach Vorne zu kombinieren.

Angriffspressing

4-4-2

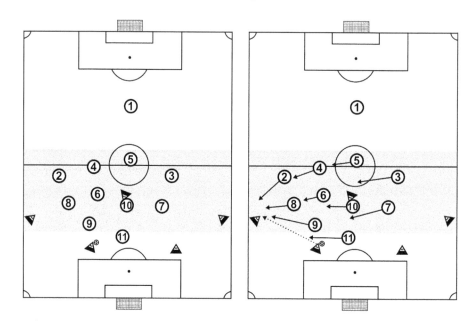

Das **Angriffspressing**, auch Forechecking genannt, ist die offensivste Spielweise im
Fußball. Beim Angriffspressing agiert der Mannschaftsverband weit vor dem eigenen
Tor mit dem Ziel den ballführenden Gegner tief in seine Hälfte einzuschnüren. Auf
Grund der angestrebten Überzahl in Ballnähe hat man eine gute Möglichkeit den Ball
kontrolliert zu erobern und durch die kurzen Distanz zum gegnerischen Tor eine
große Torchance zu erspielen.

Das Angriffspressing erfordert eine große Laufbereitschaft aller Spieler. Zuerst massiv Richtung Ball und dann wieder ein schnelles Umschalten in die Defensive, falls
das Pressing nicht erfolgreich war. Wie bereits im letzten Kapitel beschrieben wird
das Angriffspressing immer nur phasenweise praktiziert. Neben den bereits erwähn-
ten Situationen, hat sich das Angriffspressing auch direkt nach Spielbeginn und zum
Beginn der zweiten Halbzeit bewährt.

Damit es gewährleistet ist, dass beim Angriffspressing alle Spieler mitmachen, sollte
ein gemeinsames Kommando für diese Aktion vereinbart werden. Dieses Kommando
kann z. B. „Pressen" lauten und sollte im Idealfall von einem zentralen Mittelfeldspieler sehr laut gerufen werden. Ein guter Zeitpunkt wäre Beispielsweise, sobald man
einen Pass zu einem etwas unsicheren Außenverteidiger erkennt. Und zwar können
Außenspieler leichter eingeschnürt werden, weil weniger Spieler reichen um ihm alle
Anspielstationen zuzustellen.

Sobald also das gemeinsame Kommando kommt, verschieben alle Spieler massiv Richtung Ball. Der ballferne Angreifer (der zuvor eine Spielverlagerung zustellte) muss sofort die Rückpassmöglichkeit des Außenspielers zustellen. Der ballnahe Angreifer doppelt den Angespielten zusammen mit dem Mittelfeldaußen. Die anderen Mitspieler müssen schnellstmöglich alle Anspielstationen zustellen.

Der eigene Torwart agiert dabei sehr weit vorgerückt, um z. B. gespielte Flugbälle des Gegners über die Abwehrkette abzufangen. Die Innenverteidiger befinden sich als einzige Feldspieler in der eigenen Spielfeldhälfte, knapp hinter der Mittellinie. Die Außenverteidiger rücken in die gegnerische Hälfte vor und schieben somit ihre Vorderleute weiter voran. Das Mittelfeld postiert sich gerade im zentralen Bereich sehr kompakt. Die Mittelfeldaußen haben sich zuvor recht weit nach innen orientiert und dadurch den gegnerischen Spielaufbau über einen Außenspieler provoziert.

Wichtig ist, dass noch während der Ball zu dem Außenspieler unterwegs ist, alle Spieler im höchsten Tempo die erforderlichen Positionen einnehmen. Sobald der Ball den Außenspieler erreicht hat, muss schon die Rückpassmöglichkeit zugestellt sein und die Mitspieler zum Doppeln bereit sein. Ist man nicht rechtzeitig auf Position und der Außenspieler kann den Ball verarbeiten und sich Richtung Spiel drehen, wird dieser nicht gedoppelt. In diesem Fall wird er lediglich gestellt und erst das nächste Abspiel wieder massiv bekämpft. Die Rückpassmöglichkeit des Gegners bleibt aber verstellt, damit sich dieser nicht aus der Umklammerung befreien kann.

Sollte der Angespielte zu einem Dribbling nach hinten ansetzen, um sich aus der Umklammerung zu befreien, so bleibt der komplette Mannschaftsverband an ihm dran und hält so den Druck aufrecht. Nach einer Angriffspressing-Phase sollte wieder auf Abwehrpressing oder Mittelfeldpressing umgeschaltet werden. So kann man wieder Kräfte für die nächste Druck-Phase sammeln. Zusätzlich bestimmt man durch den Wechsel der Pressingvarianten den Rhythmus des Spiels.

Richtig Trainieren

Eines der wichtigsten Aufgaben eines Jugendtrainers ist es die Spieler genau beim Training zu beobachten. Führen sie die geforderten Fußballtechniken korrekt aus? Falls nicht, sollte man als Fußballtrainer rechtzeitig eingreifen und den Spielern die richtige Handlungsweise erklären und demonstrieren. Nur so wird sich kein dauerhaftes Fehlverhalten bei den Spielern einschleichen.

Es kann durchaus mal vorkommen, dass ein Spieler in einer Situation die falsche Technik anwendet oder die angewandte Technik falsch ausführt. Hier muss man als Trainer Fingerspitzengefühl zeigen und erst nach wiederholt gemachten Fehlern korrigieren. Führt der Spieler nämlich sonst die Sache korrekt aus und man korrigiert ihn, wird es ihn in seine Spielweise verunsichern.

Als Trainer ist es auch wichtig zu beachten, dass man immer nur bezüglich des aktuell trainierten Schwerpunkts korrigiert. Die absolute Konzentration auf den Kern des Trainings führt zum maximalen Lernerfolg. Korrekturhinweise zu Techniken die nicht im Fokus des aktuellen Trainings stehen helfen dem Spieler nicht weiter, weil es in der Regel an den nötigen Aktionen mangelt diese korrekt umzusetzen. Hinzu kommt, dass solche Korrekturhinweise vom aktuellen Schwerpunkt ablenken, da die Spieler mit dessen korrekten Umsetzung bereits voll beschäftigt sind.

Die vielleicht größte Leistung eines Jugendtrainers ist es seine Spieler vom Fußball so zu begeistern, dass sie auch in ihrer Freizeit spielen. Wenn die Spieler nun durch das Training wissen, wie sie die Fußballtechniken korrekt anwenden, werden sie dies auch auf dem Bolzplatz so umsetzen. Diese Kette an Ereignissen kann sich enorm positiv auf die spielerische Entwicklung der Spieler auswirken.

Folgende Auflistung ist besonders beim Techniktraining hilfreich. Es wird beschrieben, wie man die verschiedenen Fußballtechniken korrekt ausführt und in welcher Spielsituation sie zur Anwendung kommen. Die Liste ist in Kategorien wie Schießen, Dribbling, Kopfball, Finten usw. unterteilt. Diese verschiedenen Bereiche sind wiederum unterteilt. So werden beim Punkt **Schießen** die unterschiedlichen Schusstechniken Innenseitstoß, Innenspannstoß und Vollspannstoß erklärt. Zusätzlich werden noch Tipps fürs Training zu den Themen **Mentale Fähigkeiten** und **Athletik** gegeben:

Schießen:

- **Innenseitstoß**: Standfuß neben den Ball aufsetzen und die Fußspitze des leicht gebeugten Knies zeigt in Spielrichtung. Hüfte so drehen, dass die Innenseite des Spielfußes nach vorne zeigt und den Ball mittig mit der breiten Seite des Fußes treffen kann. Immer mit dem Spielbein ausholen und durch das Zentrum des Balls schwingen. Fußgelenk dabei fixieren und Fußspitze leicht nach oben ziehen. **Anwendung**: Bei flachen Pässen und Torschüssen aus kurzer Distanz.

- **Innenspannstoß**: Leicht schräger Anlauf zum Ball. Standbein seitlich hinter den Ball aufsetzen und Knie leicht gebeugt. Das Fußgelenk des Spielbeins ist fixiert, die Fußspitze zeigt leicht nach außen und die Ferse nach oben. Nun mit dem Innenriss des Fußes durch das Zentrum des Balls schwingen. Gegenarm als Stabilisierungshilfe einsetzen. **Anwendung**: Torschüsse von seitlicher Position aus größerer Distanz, Standards und Flanken.

- **Vollspannstoß**: Die Fußspitze des Standbeins zeigt in die Schussrichtung. Die Position des Standbeins bestimmt die Flughöhe des Balls. Seitlich vor dem Ball bedeutet niedrige Flughöhe, seitlich hinter dem Ball bedeutet eine hohe Flugbahn. Die Fußspitze des Spielbeins zeigt gerade zum Boden und das Fußgelenk ist fixiert. Kopf heben und Ziel anvisieren. Mit dem Spielbein ausholen und mit dem Fußriss durch das Zentrum des Balls schwingen. **Anwendung**: Torschüsse aus größerer zentraler Distanz und Bodenabschlag.

Kopfball:

- **Aus dem Stand**: Arme anwinkeln. Kinn zur Brust und Nacken fixieren. Bogenspannung im Rücken. Schwungvoll präzise mit der Stirn den Ball treffen. Augen auf und dem Ball hinterher schauen. Wird der Ball oberhalb des Zentrums getroffen, senkt er sich. Wird er unterhalb des Zentrums getroffen, steigt seine Flugbahn. **Anwendung**: Ohne Gegnerdruck.

- **Mit Richtungsänderung**: In Schrittstellung gehen. Oberkörper in die beabsichtigte Richtung drehen. Oberkörper in Bogenspannung bringen und nach vorne zum Ball schwingen. **Anwendung**: Den Kopfball in die gewünschte Richtung bringen.

- **Im Sprung**: Kurz anlaufen und dann beidbeinig mit Schwung nach oben (nicht nach vorne) abspringen. Arme unterstützen den Absprung. Technik wie beim Kopfball aus dem Stand. Der Sprung kann zwecks höherer Sprunghöhe auch einbeinig erfolgen. In diesem Fall sollte man sich bei Flanken mit dem ballfernen Bein vom Boden abdrücken. Mit vollem Einsatz in die Kopfballduelle gehen! **Anwendung**: Unter Gegnerdruck, sodass man vor dem Gegner den Ball erreicht.

Dribbling:

- **Ballhaltendes Dribbling**: Immer wieder Körper zwischen Ball und Gegner schieben. Den Ball flexibel mit der Sohle, den Innen- und Außenseiten des Fußes kontrollierbar halten. Im Idealfall mit dem Rücken an den Gegner lehnen und verschiedene Finten ausführen. **Anwendung**: Dieses Dribbling ist nicht auf Raumgewinn ausgelegt, sondern um Zeit für z. B. nachrückende Mitspieler zu gewinnen.

- **Tempodribbling**: Den Ball mit dem Spann führen. Also Fußgelenk strecken und Fußspitze zeigt zum Boden. Den Ball möglichst weit, aber stets kontrollierbar, vorlegen und mit höchster Geschwindigkeit folgen. **Anwendung**: Meistens beim Konterangriff, wenn es gilt, schnell freie Räume vor sich zu überbrücken.

- **Gegnerüberwindendes Dribbling**: Diese Dribbelart wird eingesetzt, um alleine an einem Gegenspieler vorbeizudribbeln. Dies gelingt in der Regel nur dann, wenn kurz vor dem Gegner Körperbewegungen ausgeführt werden, die ein Vorbeidribbeln auf eine Seite vortäuschen, tatsächlich aber auf der anderen Seite vorbeigedribbelt wird. Der Gegner wird durch die Täuschung zu einem Fehlverhalten provoziert, weil er sich motorisch auf eine Seite einstellt und dadurch den Weg auf der anderen Seite öffnet. Das Vorbeidribbeln erfolgt immer schräg nach vorne und ist mit einer Temposteigerung verbunden. Entscheidend für das Gelingen einer Finte ist, neben der Intensität der „falschen" Körperbewegungen, der richtige Augenblick des Täuschungsmanövers: Nicht zu früh, dass der Gegenspieler sich wieder neu orientieren kann und nicht zu spät, dass der Gegenspieler sich noch nicht komplett zur „falschen" Seite ausgerichtet hat. **Anwendung:** Immer nur vor dem gegnerischen Tor, entweder um eine freie Schussbahn zu erhalten oder einen weiteren Verteidiger auf sich zu ziehen.

<u>Finten:</u>

*   **Übersteiger:** Leicht schräg auf den Gegenspieler zudribbeln. So zwingt man ihn zu einer Seitwärtsbewegung und man kann den Ball entgegen seiner Laufrichtung abkappen. Mit dem gegnerfernen Fuß von innen nach außen über den Ball steigen, den gegnerfernen Fuß neben dem Ball aufsetzen und das ganze Körpergewicht darauf verlagern. Nun wird mit der Außenseite des anderen Fußes der Ball schräg nach vorne weggespielt. **Anwendung:** Frontale 1-gegen-1-Situation. Größere Distanz zum Gegner.

*   **Ausfallschritt:** Diese Finte ähnelt dem Übersteiger. Anstatt mit dem Fuß komplett über den Ball zu steigen, wird dieser direkt außen neben dem Ball aufgesetzt und der Ball dann mit der Außenseite des anderen Fußes weggespielt. Wie gehabt den Körperschwerpunkt auf das aufgesetzte Bein verlagern, Bein vom Boden abdrücken und dann mit Tempo diagonal am Verteidiger vorbei dribbeln. **Anwendung:** Frontale 1-gegen-1-Situation. Kurze Distanz zum Gegner.

*   **Zurückkappen:** Das Zurückkappen kann als Pass- oder Schussfinte angewendet werden. Es wird mit dem gegnerfernen Fuß gedribbelt. Mit dem gegnerfernen Fuß wird ein Pass nach vorne angetäuscht. Jedoch schwingt man das vermeintliche Spielbein über den Ball und kappt nun mit der Außenseite des gleichen Fußes den Ball nach hinten ab (180 Grad-Wende). Dabei dreht sich der Oberkörper vom Gegner weg. Den gegnernahen Arm ausstrecken, um den Ball abzuschirmen. **Anwendung:** Seitlich mitlaufender Gegenspieler.

*   **Bein-Zieher:** Vor dem Körper wird der Ball mit der Sohle des gegnerfernen Fußes soweit nach hinten gezogen, dass er mit der Innenseite des gleichen Fußes hinter dem Standbein gespielt werden kann. Nun wird der Ball mit der Außenseite des anderen Fußes zur Seite weggespielt. **Anwendung:** Bei einem von der Seite heranstartenden Gegenspieler.

*   **Schussfinte:** Es wird deutlich ein Schuss aufs Tor oder eine Flanke angetäuscht. Dann wird aber im letzten Augenblick mit der Innenseite des selben Fußes der Ball nach innen mitgenommen und mit der Außenseite des anderen Fußes weggespielt. Alternativ (anspruchsvoller anzuwenden) kann der Ball, nach der Ausholbewegung mit dem vermeintlichen Schussbein, auch mit der Außenseite des selben Fußes nach außen vorgespielt werden. **Anwendung:** Gegner startet mit Tempo herbei, um eine freie Schussbahn zu schließen.

- **Matthews-Trick:** Leicht schräg auf den Gegenspieler zudribbeln. Es wird meist mit der Innenseite des Fußes gedribbelt, mit dem man auch den Durchbruch absolvieren will. Nun mit dem anderen Fuß einen weiten Ausfallschritt seitlich hinter dem Ball absolvieren und das ganze Körpergewicht darauf verlagern (Knie dabei beugen). Jetzt wird der Ball mit der Innenseite des Dribbelfußes wenige Zentimeter in Richtung Ausfallschritt gespielt und dann explosionsartig mit der Außenseite des selben Fußes schräg nach vorne in die entgegengesetzte Richtung weg gespielt. Der Wechsel von der Innen- zur Außenseite des Dribbelfußes erfolgt ganz nah am Ball. **Anwendung:** Frontale 1-gegen-1-Situation.

1 gegen 1 Defensive:

- **Angreifer außen:** Dem Gegenspieler wird bis auf ca. zwei Meter Abstand entgegen gestartet. Nun gleicht man seine Bewegungen denen des Angreifers an. Man achtet nur auf den Ball. Bereits beim Entgegenstarten hat man eine seitliche Stellung zum Gegner eingenommen, so dass man ihm die Außenbahn zum Durchbruch anbietet (offene Körperstellung zur Seitenlinie und recht weit innen postiert). Auf den Fußballen bewegen. Diverse Attacken vortäuschen. Sobald sich der Angreifer den Ball vorlegt, Körper zwischen Ball und Gegner schieben. **Anwendung:** Außen vor dem eigenen Tor. Mitspieler sind zu weit entfernt, dass man den Gegner doppeln könnte.

- **Angreifer zentral:** Spielbein des Gegners erkennen, meist der Dribbelfuß. Vorgehensweise wie zuvor, jedoch wird die seitliche Stellung so eingenommen, dass man dem Gegner den Durchbruch auf seinem „schwachen" Fuß anbietet (offene Körperstellung zur Seite des schwachen Fußes). Der Ball wird, sobald er etwas vom Fuß des Gegners weg ist, von der Seite attackiert. **Anwendung:** Zentral vor dem eigenen Tor. Mitspieler sind zu weit entfernt, dass man den Gegner doppeln könnte.

- **Gegner hinterherstarten:** Den Laufweg so wählen, dass man zwischen Gegner und eigenem Tor kommt. Sobald man den Gegenspieler eingeholt hat und er sich den Ball erneut vorlegt, schiebt man seinen Körper zwischen Ball und Gegner. **Anwendung:** Man wurde überspielt und der Gegner startet Richtung eigenem Tor.

Kombinationsspiel:

- **Ballan- & Ballmitnahme:** Offene Stellung zum Ball einnehmen (frontal Richtung Ball stehen), so dass man den Ball bereits mit dem ersten Kontakt in den freien Raum mitnehmen kann. Man bekommt den Pass nach Möglichkeit in die Innenseite des Fußes gespielt, der sich in der gewünschten Spielrichtung befindet. Die Fußspitze beim Ballkontakt leicht nach oben ziehen, damit der Ball nicht über den Fuß springt. Der Fuß gibt beim ersten Ballkontakt leicht nach, um eine enge Ballführung zu gewährleisten. **Anwendung:** Zuspiel eines Balles.

- **Passspiel:** Blickkontakt zwischen Passspieler und Passempfänger. Jeder Pass soll nach Möglichkeit zu einem Raumgewinn führen. Er sollte so druckvoll gespielt werden, dass er nicht vom Gegner abgefangen werden kann, aber auch so gefühlvoll, dass dieser vom Mitspieler gut weiterverarbeitet werden kann. Nicht zu früh und nicht zu spät abspielen. In der Regel erst dann, wenn der Gegner beginnt, sich für den Ball zu interessieren. Nach dem Pass direkt wieder anbieten. Nach Möglichkeit immer erst in die Tiefe, als in die Breite spielen. **Anwendung**: Nach einem Ballgewinn den Ball mit einem Pass zu einem freien Spieler sichern und dann mittels Kurzpassspiel angreifen.

- **Spiel ohne Ball**: Nach Blickkontakt und Erkennen der Abspielbereitschaft des Ballführenden aus dem Deckungsschatten des Gegners laufen. Befindet man sich in Manndeckung, sollte man sich mittels Lauffinte explosionsartig vom Gegner lösen. Immer im Dreieck zum ballführenden Mitspieler und eines weiteren Mitspielers stehen. In maximale Breite und Tiefe gehen, um viel Raum fürs Kombinationsspiel zu haben. Aber auch dem Ballführenden entgegenstarten (z. B. um Doppelpass zu spielen). Freie Räume schaffen und besetzen. Laufwege kreuzen, um den Gegner zu irritieren. **Anwendung**: Ein Mitspieler ist in Ballbesitz.

<u>Mentale Fähigkeiten:</u>

- **Handlungsschnelligkeit**: Absolute Leistungsbereitschaft. Nicht von äußeren Einflüssen ablenken lassen. Den ersten Gedanken ausführen. Spiel aufmerksam beobachten. Nie abschalten. **Anwendung**: Im Strafraum, in Umschaltphasen und in 1-gegen-1-Situationen.

- **Antizipation**: Absoluter Willenseinsatz. Gegenseitige Blickkontakte. Das Spiel als Ganzes sehen und nicht als Summe einzelner Spielsituationen. Auch in brenzligen Situationen „über" den Dingen stehen. **Anwendung**: In einem Pass des Mitspielers starten oder Pässe des Gegners abfangen.

- **Peripheres Sehen**: Immer wieder den Kopf heben, um sich ein Bild der Spielumgebung zu machen. Auch die Positionen von Spielern außerhalb des direkten Blickwinkels sollten wahrgenommen werden. Bereits vor einem Zuspiel oder Ballgewinn kennt man im Idealfall seine Handlungsmöglichkeiten im Bezug zu seinen fußballerischen Fähigkeiten und den Positionen aller Spieler. **Anwendung**: Immer!

<u>Athletik:</u>

- **Antrittsschnelligkeit**: In der Beschleunigungsphase den Oberkörper leicht nach vorne beugen. Nur mit den Fußballen den Boden berühren und den Boden beim abstoßen nach hinten wegdrücken. Gehobenes Bein und Oberkörper in einen rechten Winkel bringen und das Bein wieder kraftvoll zum Boden drücken. Die Arme sind angewinkelt und an den Ellbogen fixiert und schwingen entgegen der Schrittbewegung (antizyklisch). Möglichst große Schritte machen. Nach einem gespielten Pass und einem erneuten Anbieten, ist immer der Fuß mit dem man gepasst hat, auch der erste Sprintfuß. **Anwendung**: Früher als der Gegner am Ball sein. Wegstartenden Gegner einholen. Gegner zügig unter Druck setzen.

- **Koordination**: Brust raus. Oberkörper gerade. Blick nach vorne. **Anwendung**: Koordinationstraining.

Legende

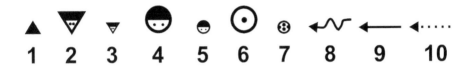

1   2   3   4   5   6   7   8   9   10

1. *Markierungshütchen*
2. *Aktiver Angreifer mit offener Stellung nach unten*
3. *Inaktiver Angreifer mit offener Stellung nach unten*
4. *Aktiver Verteidiger mit offener Stellung nach unten*
5. *Inaktiver Verteidiger mit offener Stellung nach unten*
6. *Neutraler Spieler/Trainer*
7. *Ball*
8. *Dribbelweg*
9. *Laufweg*
10. *Schussrichtung*

Konterangriff

Erste Trainingseinheit

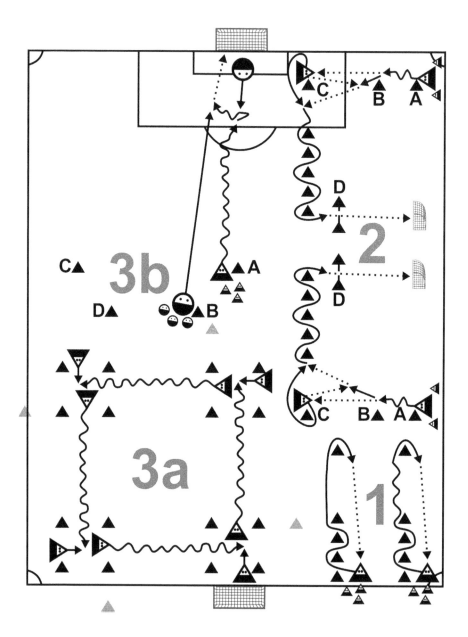

Einleitung:

Eines der wichtigsten Fußballtechniken ist das Dribbling. Ist man in Ballbesitz und man spielt gerade keinen Pass, so dribbelt man in der Regel. Im Idealfall so, dass man für sich selbst oder für die Mitspieler Raum schafft.

Im Fußball gibt es drei verschiedene Arten des Dribbelns:

1. Ballhaltendes Dribbling
2. Gegnerüberwindendes Dribbling
3. Tempodribbling

Beim Ballhaltenden Dribbling schirmt man den Ball mittels seines Körpers vom Gegenspieler ab und beim gegnerüberwindenden Dribbling setzt man sich in der Regel mittels einer Finte im 1 gegen 1 gegenüber eines Gegenspielers durch.

Bei einem Konterangriff ist jedoch die dritte Dribbelart, das Tempodribbling von großer Bedeutung. Das Tempodribbling wird immer dann angewendet, wenn man viel freien Raum vor sich zum Überbrücken hat. Dies kann z. B. der Fall sein, wenn man im Rücken der gegnerischen Abwehr angespielt wird und Richtung Tor dribbeln will, ohne von einem Abwehrspieler eingeholt zu werden.

Beim Tempodribbling treibt man den Ball bei maximaler Laufgeschwindigkeit Richtung gegnerisches Tor. Man legt sich den Ball auch etwas weiter vor, aber ohne dass ein Gegenspieler ihn erreichen kann. Der Ball wird mit dem Vollspann geführt. Dabei auch immer wieder den Kopf heben, um die Spielumgebung wahrzunehmen.

Das Trainieren des Tempodribblings ist somit der erste Schritt zum Erlernen eines systematischen Konterangriffs.

Ablauf:

- Alle Spieler → Übung 1 → Schwerpunkt: Koordination, Antrittsschnelligkeit, Dribbling, Innenseitstoß
- Alle Spieler → Übung 2 → Schwerpunkt: Dribbling, Innenseitstoß, Taktik: Lösen vom Gegner, Ball sichern, Tiefe spielen
- 1/2 Mannschaft → Übung 3a → Schwerpunkt: Tempodribbling, Antrittsschnelligkeit
- 1/2 Mannschaft → Übung 3b → Schwerpunkt: Tempodribbling, Fintieren, Antrittsschnelligkeit

Übung 1:

- Für je vier Spieler eine Hütchenreihe von vier Hütchen plus eine Wendestange aufbauen. Abstand der Hütchen zueinander ca. ein Meter und die Wendestange ca. sieben Meter hinter dem letzten Hütchen.
- Alle Spieler ohne Ball.

- Auf Trainersignal starten die jeweils ersten Spieler im Slalom (Sprint, Sidesteps) um die Hütchen, umlaufen die Wendestange, sprinten zum Starthütchen zurück und klatschen den nächsten Spieler ab.
- Wettbewerb: Von welcher Gruppe haben zuerst alle Spieler den Parcours absolviert? Von welcher Gruppe haben zuerst alle Spieler den Parcours dreimal (fünfmal) absolviert?
- Variation: Alle Spieler mit Ball. Erst Slalomdribbling um die Hütchen, dann Tempodribbling um die Wendestange und Pass zum nächsten Spieler. Wettbewerb wie zuvor.

Übung 2:

- Parcours entsprechend der Zeichnung aufbauen.
- Je ein Spieler an die Hütchen C und die restlichen Spieler mit je einem Ball an die beiden Starthütchen A aufteilen.
- Die Spieler A beginnen die Übung mit einem Dribbling zu Hütchen B. Von dort passen sie zu den Spielern C, C lassen den Ball prallen, hinterlaufen ihr Hütchen und bekommen den Ball von A in den Lauf gespielt. C absolvieren einen Slalomdribbling und nach dem letzten Hütchen absolvieren sie, noch vor dem Hütchentor D, ein Zielschuss ins Minitor.
- Nach dem Schuss holen sie sich den Ball und jonglieren mit ihm zu der gegenüberliegenden Startposition A. A wechseln nach ihrem Pass sofort auf C (im Rückwärtslauf = offene Stellung zum Spiel) und sobald diese Position besetzt ist, startet die nächste Aktion.
- Den Zielschuss immer mit dem äußeren Fuß absolvieren (Training der Beidfüßigkeit).

Übung 3a:

- Ein 15 mal 15 Meter großes Quadrat aufbauen und in den Ecken jeweils ein Zielquadrat.
- In jedes Zielquadrat ein Spieler mit und ohne Ball postieren. Der Spieler ohne Ball postiert sich außerhalb des Zielquadrats.
- Auf Trainersignal dribbeln nun die Spieler mit Ball entgegen des Uhrzeigersinns ins nächste Zielquadrat und stoppen dort den Ball für die anderen Spieler ohne Ball. Diese nehmen den Ball mit und dribbeln ebenfalls ins nächste Zielquadrat und immer so weiter.
- Variation: Nachdem der Ball im Zielquadrat für den nächsten Spieler gestoppt wurde, muss der Spieler noch das äußere Hütchen (grau) umlaufen und versuchen, den dribbelnden Spieler abzuschlagen, bevor er das nächste Zielquadrat erreicht. Wer abgeschlagen wird, muss fünf Liegestütze absolvieren.
- Tipp: Auf eine saubere Technik achten. Der Ball darf beim Stoppen nicht selbstständig aus dem Zielquadrat rollen.

Übung 3b:

- Kurz vor der Mittellinie ein Hütchen A aufstellen und zwei Meter dahinter ein weiteres Hütchen B.

- Zuerst alle Spieler mit Ball ans Hütchen A.

- Spieler A dribbelt mit Tempo auf den Torwart zu und versucht, ein Tor zu erzielen.

- Nach zwei Durchgängen teilen sich die Spieler zu gleichen Teilen an den Hütchen A und B auf.

- Angreifer A mit Ball und Verteidiger B ohne Ball.

- Angreifer A startet wieder mit einem Tempodribbling Richtung Tor und versucht, einen Treffer zu erzielen. Diesmal startet jedoch mit dem ersten Ballkontakt von A, Verteidiger B dem Angreifer nach und versucht, einen Treffer zu verhindert.

- Erzielt A kein Tor, so muss er fünf Liegestütze absolvieren.

- Variation: Die Hütchen auf den Flügeln postieren (C und D), um einen Konterangriff von außen zu simulieren.

Konterangriff
Zweite Trainingseinheit

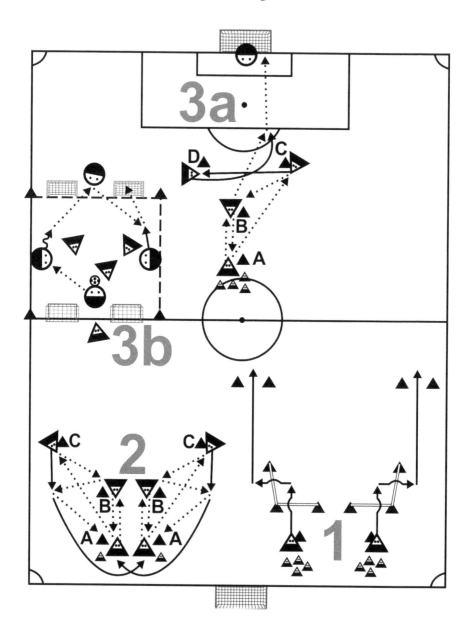

Einleitung:

Die Basis des Konterspiels, das Tempodribbling, wurde in der ersten Trainingseinheit vermittelt. In den nächsten vier Trainingseinheiten wird die Systematik des Konterangriffs durch die Trainingsinhalte Umschalten, Direktspiel, Pass in die Tiefe, Doppelpass, Hinterlaufen und Ausspielen von Überzahlsituationen vervollständigt. Ein effektiver Konterangriff setzt sich nämlich aus einem schnellen Umschalten aller Spieler in die Offensive, einem unmittelbaren Pass in die Tiefe, Tempodribbling und der Anwendung gruppentaktischer Angriffsmittel zusammen.

Gerade in der Verbindung mit dem Abwehrpressing sind Konterangriffe sehr erfolgversprechend. Denn bei einem Ballgewinn in der eigenen Spielfeldhälfte ist der Gegner in der Regel weit aufgerückt und ungeordnet. Mit schnellen vertikalen Pässen kann man so die freien Räume in der gegnerischen Hälfte, zum Erspielen von Torchancen, nutzen.

Ablauf:

- Alle Spieler → Übung 1 → Schwerpunkt: Koordination, Antrittsschnelligkeit

- Alle Spieler → Übung 2 → Schwerpunkt: Innenseitstoß, Direktspiel, Taktik: Lösen vom Gegner, Ball sichern, Tiefe spielen, Doppelpass

- 1/2 Mannschaft → Übung 3a → Schwerpunkt: Innenseitstoß, Direktspiel, Schießen, Taktik: Lösen vom Gegner, Ball sichern, Tiefe spielen, Hinterlaufen

- 1/2 Mannschaft → Übung 3b → Schwerpunkt: Direktspiel, Handlungsschnelligkeit, Peripheres Sehen, Taktik: Tiefe spielen, Dreiecksbildung, Umschalten

Übung 1:

- Jeweils spiegelverkehrt zwei Hürden in L-Form aufbauen und in ca. zehn Meter Entfernung davon ein Zielhütchentor.

- Die Mannschaft hinter den beiden L-Hürden aufteilen.

- Auf Trainersignal absolviert der jeweils erste Spieler einen Schlusssprung-Vorwärts, Schlusssprung-Seitwärts und dann einen Sprint durchs Zielhütchentor.

Übung 2:

- Für je acht Spieler zwei Dreiecke spiegelverkehrt nebeneinander aufbauen. Siehe Zeichnung.

- Jeweils ein Spieler ohne Ball an den vier Hütchen B und C. Zwei Spieler mit Bällen an den Starthütchen A.

- A passt zu B und B lässt prallen. A passt in die Tiefe zu C und C lässt auf B prallen. B und C spielen Doppelpass und C passt zurück zum Starthütchen A.

- Alle Spieler rücken eine Position weiter. C stellt sich auf der anderen Seite des Parcours bei A an.

Übung 3a:

- Vier Hütchen im Abstand von ca. zwölf Metern in Y-Form aufbauen.

- Jeweils ein Spieler ohne Ball an den Positionen B bis D und die restlichen Spieler mit Bällen ans Starthütchen A.

- A passt zu B und B lässt prallen. A passt in die Tiefe zu C und C lässt auf B prallen. B passt in die Tiefe zu D und dieser kommt zum Torabschluss. Direkt nachdem C auf B prallen gelassen hat, hinterläuft D Spieler C.

- A wechselt zu B, B zu C und D holt nach seinem Torschuss den Ball und stellt sich ans Starthütchen A an. Beim Positionswechsel immer offene Stellung zum Spiel, also gegebenenfalls auch seitlich und rückwärts laufen.

- Nach der Hälfte der Zeit passt A in die Tiefe zu D und C kommt dann zum Torabschluss. Trainieren der Beidfüßigkeit.

Übung 3b:

- Ein 20 mal 20 Meter großes Quadrat mit je zwei Minitoren auf den Grundlinien aufbauen.

- Zwei Vierer-Mannschaften bilden und je Mannschaft postiert sich ein Spieler zwischen den beiden Toren der gegnerischen Mannschaft, außerhalb des Feldes.

- Im Feld wird nun drei gegen drei gespielt und es kann/soll der Mitspieler zwischen den gegnerischen Toren angespielt werden. Dieser darf aber nur direkt spielen.

- Variation: Die beiden Spieler zwischen den Toren sind neutral. Erzielt eine Mannschaft einen Treffer, so greift sie sofort auf die anderen beiden Tore an.

Konterangriff
Dritte Trainingseinheit

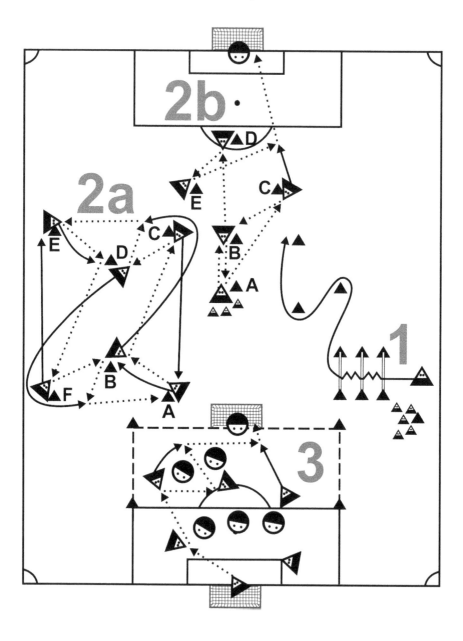

Ablauf:

- Alle Spieler → Übung 1 → Schwerpunkt: Koordination, Antrittsschnelligkeit
- 1/2 Mannschaft → Übung 2a → Schwerpunkt: Innenseitstoß, Direktspiel, Taktik: Hinterlaufen, Tiefe spielen
- 1/2 Mannschaft → Übung 2b → Schwerpunkt: Innenseitstoß, Direktspiel, Schießen, Taktik: Lösen vom Gegner, Ball sichern, Tiefe spielen, Rautenbildung
- Zwölf Spieler → Übung 3 → Schwerpunkt: Direktspiel, Schießen, Handlungsschnelligkeit, Peripheres Sehen, Taktik: Tiefe spielen, Dreiecksbildung, Überzahlsituation
- Restliche Spieler → Übung 2 von Seite 76 → Schwerpunkt: Dreiecksbildung, Spielverlagerung, Tiefe spielen

Übung 1:

- Zwei spiegelverkehrte Parcours nebeneinander aufbauen. Je drei Hürden in einer Reihe errichten und im Abstand von ca. fünf Metern zwei Slalomhütchen und ein Zielhütchen, siehe Zeichnung.
- Je die Hälfte der Spieler postiert sich neben einer Hürdenreihe.
- Auf Trainersignal absolviert der jeweils erste Spieler Kniehebeläufe (Körper zeigt Richtung Zielhütchen) über die Hürden (in jedem Zwischenraum zwei Bodenkontakte). Nach der letzten Hürde umläuft er die nächsten zwei Hütchen im Slalom, um dann im höchsten Tempo zum Zielhütchen zu sprinten.

Übung 2a:

- Zwei Dreiecke im Abstand von ca. zwölf Meter spiegelverkehrt gegenüber aufbauen. Das mittlere Hütchen der beiden Dreiecke steht ca. fünf Meter von der ca. 15 Meter langen Grundlinie nach innen versetzt.
- Jeweils ein Spieler ohne Ball an den Positionen B bis F. Ein oder auch mehr Spieler mit Ball ans Starthütchen A.
- A passt zu B, B passt in die Tiefe zu C und C passt zu D. Nachdem B zu C gepasst hat, hinterläuft er sofort C und bekommt von D den Ball zugespielt, den er auf E weiterleitet. A wechselt zu B und C zu A.
- Gleicher Ablauf nun auf der anderen Parcours-Seite: E passt zu D, D zu F, F zu B, B zu D und D wieder zu A.

Übung 2b:

- Die Y-Form der Torschuss-Übung des Vortags wird mit einem weiteren Hütchen D ergänzt.
- Jeweils ein Spieler ohne Ball an den Positionen B bis E und die restlichen Spieler mit Bällen ans Starthütchen A.

- A passt zu B und B lässt prallen. A passt in die Tiefe zu C und C lässt auf B prallen. B passt in die Tiefe zu D und D lässt auf E prallen. E passt in die Tiefe zu C und C kommt zum Torabschluss.

- Alle Spieler wechseln im Uhrzeigersinn eine Position weiter. C holt den Ball und stellt sich bei A an.

- Nach der Hälfte der Zeit passt A in die Tiefe zu E und E kommt dann zum Torabschluss. Gewechselt wird dann entgegen dem Uhrzeigersinn.

<u>**Übung 3:**</u>

- Einen doppelten Strafraum als Spielfeld mit zwei Toren aufbauen.

- Es wird fünf gegen fünf gespielt (je Team drei Angreifer und zwei Verteidiger). In jeder Spielfeldhälfte spielen drei Angreifer gegen zwei Verteidiger.

- Regeln: Tore dürfen von überall erzielt werden. Die Spieler dürfen ihre Hälfte nicht verlassen. Die Torhüter dürfen das Spiel auch mit einem Anspiel eines Mitspielers in der anderen Hälfte eröffnen. Jeder Angriff muss nach dem Überspielen der Mittellinie nach acht Sekunden abgeschlossen sein.

- Variation: Anfänger können auch 3 gegen 1 in jeder Hälfte spielen.

Konterangriff

Vierte Trainingseinheit

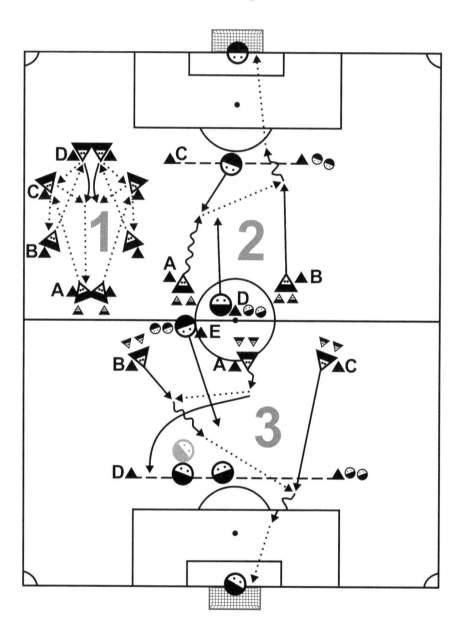

Ablauf:

- Alle Spieler → Übung 1 → Schwerpunkt: Innenseitstoß, Direktspiel, Taktik: Tiefe spielen, Doppelpass, Ball sichern, Lösen vom Gegner
- Zwölf Spieler → Übung 2 → Schwerpunkt: Dribbling, Fintieren, Taktik: Gegner binden, Überzahlsituation
- Restliche Spieler → Übung 2 von Seite 76 → Schwerpunkt: Dreiecksbildung, Spielverlagerung, Tiefe spielen
- Alle Spieler → Übung 3 → Schwerpunkt: Dribbling, Taktik: Überzahlsituation, Dreiecksbildung

Übung 1:

- Für je fünf Spieler vier Hütchen entsprechend der Zeichnung aufbauen. Die Parcours spiegelverkehrt nebeneinander postieren, um nach der Hälfte der Zeit die Seite zu wechseln. Trainieren der Beidfüßigkeit!
- Zwei Spieler oder mehr mit einem Ball am Starthütchen A und je ein Spieler ohne Ball an den Hütchen B bis D.
- C und B beginnen die Übung beide mit einer Auftaktbewegung. A passt zu C, C lässt auf B prallen, B passt zu D und D spielt mit C Doppelpass. Nach dem Doppelpass spielt D zu dem nächsten Spieler A und die Übung beginnt von vorne.
- Alle Spieler rücken eine Position weiter.
- Variation: Nachdem B zu D gepasst hat, startet er ihm entgegen und agiert beim Doppelpass als teilaktiver Abwehrspieler.

Übung 2:

- Eine ca. 30 Meter breite und 22 Meter vom Tor entfernte Abseitslinie C markieren. Die Hütchen A, B und D entsprechend der Zeichnung aufbauen. Hütchen D steht ca. zwei bis drei Meter hinter A und B.
- Durchgang 1: Ein vollaktiver Verteidiger C mittig auf die Abseitslinie postieren und zwei pausierende Verteidiger daneben. Die restlichen Spieler teilen sich als Angreifer an A und B auf. Alle Bälle zu A.
- Spieler A dribbelt auf den Verteidiger C zu, um ihn zu binden. Mit dem ersten Ballkontakt von A wird der Verteidiger C aktiv. A dribbelt nun, je nach Verhalten des Verteidigers, an C vorbei oder spielt in die Tiefe zu B.
- Regel: Der Angriff muss durch das Hütchentor C erfolgen und der Ball muss, bei einem Spiel in die Tiefe, vor B die Abseitslinie überrollen.
- Die drei Verteidiger wechseln sich nach jeder Aktion ab. Die Angreifer A und B wechseln nach jeder Aktion zu der jeweils anderen Gruppe. Schaffen A und B keinen Angriff durch das Hütchentor C, müssen beide fünf Liegestütze absolvieren.

- Tipp Angreifer: Spiel breit halten, um dem Verteidiger die Abwehr zu erschweren. Auf das Verhalten des Verteidigers reagieren. Zögert er, dribbelt man an ihm vorbei. Übt er enormen Druck auf den Ballführenden aus, spielt man in die Tiefe.

- Tipp Verteidiger: Bis auf ca. drei bis vier Meter dem Ballführenden entgegen starten und diesen Abstand halten. Querpässe provozieren, indem er den Steilpass zum zweiten Angreifer zustellt. Gleichzeitig bietet er dem Ballführenden nach außen den Durchbruch an. Wird dieser angenommen, hat er aus einer Unterzahlsituation eine Gleichzahlsituation gemacht.

- Variation: Der Verteidiger startet vom äußeren Hütchen der Abseitslinie C (Diagonal zu A). Angreifer B geht nun nicht longline, sondern hinterläuft A.

- Durchgang 2: Gleicher Ablauf wie zuvor. Jetzt wird aber Hütchen D mit drei zusätzlichen Verteidigern besetzt. Nach dem ersten Ballkontakt von A startet D nach und versucht zusammen mit C, den Angriff abzuwehren.

- Tipp Angreifer: Die beiden Angreifer müssen nun mit hohem Tempo agieren, um in Überzahl zu bleiben.

Übung 3:

- Eine ca. 40 Meter breite und 22 Meter vom Tor entfernte Abseitslinie D markieren. Die Hütchen A, B, C und E entsprechend der Zeichnung aufbauen. E steht ca. zwei bis drei Meter hinter A, B und C.

- Durchgang 1: Zwei vollaktive Verteidiger auf die Abseitslinie postieren und zwei pausierende Verteidiger daneben. Die restlichen Spieler teilen sich an A, B und C auf. Alle Bälle zu A.

- Spieler A, B und C kombinieren untereinander mit dem Ziel, die zwei Verteidiger D auszuspielen. Mit dem ersten Ballkontakt von A werden die zwei Verteidiger aktiv.

- Regel: Der Angriff muss durch das Hütchentor D erfolgen und der Ball muss beim Abspiel vor den Angreifern die Abseitslinie überrollen.

- Die Verteidigerpärchen wechseln sich nach jeder Aktion ab. Die Angreifer A, B und C wechseln nach jeder Aktion zu der nächsten Gruppe. Schaffen A, B und C keinen Angriff durch das Hütchentor C, müssen alle drei fünf Liegestütze absolvieren.

- Tipp Angreifer: Der Ballführende muss immer zentral sein, damit er auf beiden Seiten eine Anspielstation besitzt. D.h. spielt der Ballführende den Ball nach außen, so hinterläuft er den Angespielten und dieser dribbelt nach innen.

- Tipp Verteidiger: Der Verteidiger auf der Seite des Dribbelfußes des Angreifers rückt vor! Er bietet dem Ballführenden die Seite des „schwachen" Fußes zum Durchbruch an. Dort hat sich bereits der zweite Verteidiger postiert, der auf den Durchbruch wartet, um den Ball zu erobern. Die Abstände der Verteidiger müssen so klein sein, dass sie sich gegenseitig absichern können, aber auch so groß, dass sie Steilpässe zustellen (ca. vier bis fünf Meter)!

- Durchgang 2: Gleicher Ablauf wie zuvor. Jetzt wird aber Hütchen E mit drei zusätzlichen Verteidigern besetzt. Nach dem ersten Ballkontakt von A startet E nach und versucht zusammen mit den beiden Verteidigern D den Angriff abzuwehren.

Konterangriff

Fünfte Trainingseinheit

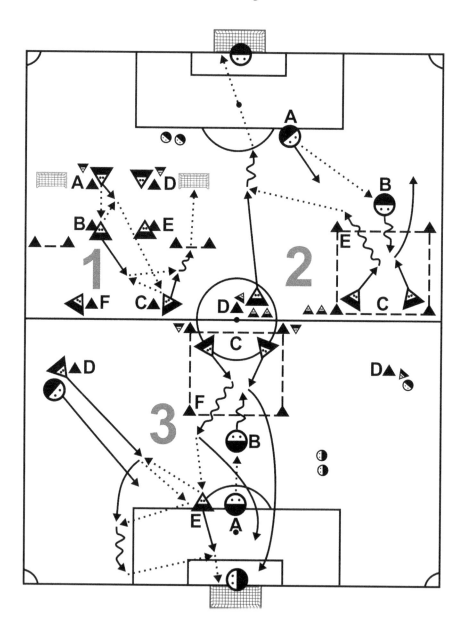

Ablauf:

- Alle Spieler → Übung 1 → Schwerpunkt: Innenseitstoß, Direktspiel, Technik: Lösen vom Gegner, Ball sichern, Tiefe spielen, Doppelpass
- Alle Spieler → Übung 2 → Schwerpunkt: Dribbling, Fintieren, Taktik: Überzahlsituation, Umschalten, Gegner binden, Hinterlaufen
- Alle Spieler → Übung 3 → Schwerpunkt: Dribbling, Fintieren, Taktik: Überzahlsituation, Umschalten, Lösen vom Gegner, Gegner binden, Hinterlaufen

Übung 1:

- Den Parcours mit den zwei Minitoren entsprechend der Zeichnung aufbauen.
- Je ein Spieler ohne Ball an den vier Hütchen B, C, E und F postieren. Die restlichen Spieler teilen sich mit den Bällen an den beiden Starthütchen A und D auf.
- Spieler A beginnt die Übung mit einem Pass zu B. B lässt prallen und A spielt diagonal in die Tiefe zu C. C spielt nun mit B Doppelpass und absolviert vor dem Hütchentor einen Zielschuss ins Minitor.
- Direkt nach dem Doppelpass beginnt D mit derselben Aufgabe auf der anderen Parcoursseite.
- A (D) wechselt zu B (E), B (E) zu C (F) und C (F) holt den Ball und stellt sich bei D (A) an.
- Tipp: Der Zielschuss erfolgt immer als Innenseitstoß mit dem äußeren Fuß.

Übung 2:

- An jedem Flügel ein 10 mal 10 Meter großes Quadrat aufbauen und am Anstoßpunkt ein Hütchen D.
- Je zwei Verteidiger an den beiden Strafraumecken postieren. Je Quadrat zwei Angreifer auf dessen Grundlinie C postieren und zwei pausierende Angreifer außerhalb. Am Hütchen D befinden sich vier Angreifer.
- Die Übung beginnt mit einem Pass von Verteidiger A zu B. B dribbelt in das Quadrat und versucht, über die Grundlinie C zu dribbeln. Gelingt ihm das, müssen die beiden Angreifer fünf Liegestütze absolvieren. Die beiden Angreifer dürfen die Grundlinie C erst nach dem Eindringen von B ins Quadrat verlassen.
- Erobern die Angreifer den Ball, versuchen sie im Zusammenspiel mit Angreifer D ein Tor zu erzielen. D startet sofort nach der Balleroberung Richtung Tor. Verteidiger B setzt nach und versucht mit Verteidiger A ein Tor zu verhindern. Es wird mit Abseits gespielt. Der Angriff soll zielstrebig abgeschlossen werden.
- Nach der Aktion startet sofort ein neuer Angriff vom anderen Flügel.
- Variation: Verteidiger B steht am Hütchen E und diagonal gegenüber ein Angreifer mit Ball. Dieser dribbelt nun auf den Verteidiger zu, um ihn zu binden. Der zweite Angreifer hinterläuft und je nach Verhalten des Verteidigers bricht der erste Angreifer nach innen durch oder spielt nach außen zum zweiten Angreifer.

Sobald der Ball das Quadrat verlässt, startet D Richtung Tor und A greift ins Geschehen ein.

Übung 3:

- Ein 10 mal 10 Meter großes Quadrat zentral an der Mittellinie aufbauen und an beiden Flügeln ein Hütchen D.

- Je ein Verteidiger und Angreifer an den Hütchen D postieren. Ein Angreifer (E) und Verteidiger (A) zentral auf der Strafraumlinie und ein Verteidiger (B) vor dem Quadrat. Auf der Grundlinie C des Quadrats stehen zwei Angreifer. Je Durchgang pausieren zwei Angreifer (für C) und zwei Verteidiger (für A und B).

- Die Übung beginnt mit einem Pass von Verteidiger A nach B. B dribbelt in das Quadrat und versucht, über die Grundlinie C zu dribbeln. Gelingt ihm das, müssen die beiden Angreifer fünf Liegestütze absolvieren. Die beiden Angreifer dürfen die Grundlinie C erst nach dem Eindringen von B ins Quadrat verlassen.

- Erobern die Angreifer C den Ball, versuchen sie im Zusammenspiel mit Angreifer D ein Tor zu erzielen. Angreifer und Verteidiger D starten sofort nach der Balleroberung Richtung Tor. Verteidiger B setzt nach. Es wird mit Abseits gespielt. Der Angriff soll zielstrebig abgeschlossen werden.

- Tipp Angreifer: Die Sturmspitze bietet sich an, indem sie sich von A löst. Die Angreifer hinterlaufen, spielen Doppelpass, binden den Verteidiger, spielen in die Tiefe oder bringen den Ball von außen in den Strafraum. In diesem Fall ein Angriffsdreieck bilden: Der Angreifer am kurzen Pfosten befindet sich im Rückraum und der Angreifer am zweiten Pfosten befindet sich auf Lücke. Der dritte Angreifer besetzt den Rückraum zentral vor dem Tor.

- Nach der Aktion startet sofort ein neuer Angriff. Nun stoßen Angreifer und Verteidiger vom anderen Flügel dazu.

- Variation: Verteidiger B steht am Hütchen F und diagonal gegenüber ein Angreifer mit Ball. Dieser dribbelt nun auf den Verteidiger zu, um ihn zu binden. Der zweite Angreifer hinterläuft und je nach Verhalten des Verteidigers bricht der erste Angreifer durch oder spielt zum zweiten Angreifer, der hinterlaufen hat. Sobald der Ball das Quadrat verlässt, starten die beiden Spieler D Richtung Tor und E und A greifen ins Geschehen ein.

Positionstraining
Jeden Spieler individuell fördern

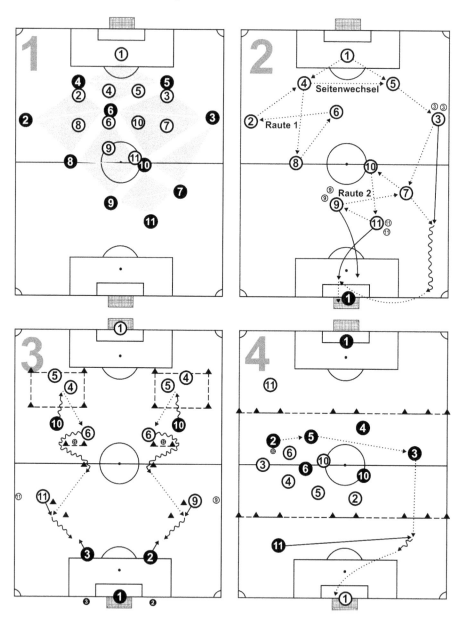

Einleitung:

Durch das Positionstraining versucht man zu erreichen, dass die Spieler die technischen und taktischen Erfordernisse ihrer Spielposition besser kennen lernen. In der ersten Übung sollen die Laufwege beim Umschalten automatisiert werden: Bei gegnerischem Ballbesitz kompakt stehen und bei eigenem Ballbesitz ausschwärmen und Rauten bilden.

Die zweite Übung stimmt die Mannschaft auf den Positionsangriff ein. Nämlich aus einem kontrollierten Spielaufbau heraus Torchancen zu erspielen. Deswegen steht bei dieser Übung die Rautenbildung im Fokus. Den Ball immer zügig und druckvoll spielen. Diese Übung läuft nach folgendem Schema ab: Reihe überschlagen, prallen lassen, Spielverlagerung, Ball in die nächste Raute spielen, Reihe überschlagen und wieder prallen lassen.

Bei der dritten Übung trainieren die Spieler positionstypische Techniken. Die Innenverteidiger doppeln, die Außenverteidiger und Angreifer agieren im 1 gegen 1 und die Mittelfeldspieler erwarten in offener Stellung ein Zuspiel, absolvieren dann eine Ballan- und -mitnahme und spielen einen Pass in die Tiefe. In der Abschluss-Übung soll dann noch das Zusammenspiel zwischen Viererabwehrkette und Mittelfeld verbessert werden.

Das Positionstraining unterscheidet sich von den anderen Trainingseinheiten in diesem Buch. Denn für diese Einheit wird das komplette Feld benötigt. Es ist wichtig, dass die Spieler ihre positionstypischen Aufgaben dort auf dem Spielfeld absolvieren, wo sich auch im Spiel ihr Aktionsradius befindet.

Ablauf:

- Alle Spieler → Übung 1 → Schwerpunkt: Umschalten, Rautenbildung
- Alle Spieler → Übung 2 → Schwerpunkt: Rautenbildung, Spielverlagerung
- Alle Spieler → Übung 3 → Schwerpunkt: Fintieren, Ballan- und -mitnahme, 1 gegen 1 in der Defensive, Taktik: Tiefe spielen, Umschalten
- Alle Spieler → Übung 4 → Schwerpunkt: Tiefe spielen, Spielverlagerung, Umschalten, Ball sichern

Übung 1:

- Stellungsspiel des Mannschaftsverbands: Wie in der Zeichnung zu sehen, ziehen sich alle Spieler (weiß) bei gegnerischem Ballbesitz eng zusammen. Man hat das Ziel, im gefährlichen Bereich vor dem eigenen Tor mit mehreren Spielern direkten Zugriff zu einem angespielten Gegner zu haben und auch Pässe Richtung eigenem Tor abzufangen.

- In derselben Abbildung sieht man die Mannschaft (schwarze Spieler) bei eigenem Ballbesitz. Die Spieler schwärmen nach dem Ballgewinn in alle Richtungen aus und staffeln sich so, dass möglichst viele Dreiecke entstehen. Je mehr Dreiecke entstehen, desto mehr Anspielstationen besitzt man. Im Idealfall befindet sich der Ballführende innerhalb einer Raute. Allein durch das Hinzufügen eines weiteren

Spielers zu einem Dreieck (Raute) steigen die Kombinationsmöglichkeiten um ein Vielfaches. In der Grafik ist der Innenverteidiger 5 in Ballbesitz. Die beiden zentralen Mittelfeldspieler postieren sich immer so, dass auf der ballnahen Seite in die Tiefe gespielt werde kann (Reihe überschlagen) und auf der ballfernen Seite der Spieler für einen Kurzpass entgegenkommt.

- Ablauf: Die Spieler sollen nun ihre Spielpositionen entsprechend den Situationen gegnerischer und eigener Ballbesitz einnehmen. Jeweils ein Trainerkommando signalisiert den Wechsel zur anderen Spielsituation. Die Spieler besetzen im lockeren Lauf die neue Position. Zur Vereinfachung kann man die Positionen mit Hütchen in zwei verschiedenen Farben markieren. Die restlichen Spieler bilden in der anderen Spielfeldhälfte ein eigenes Team und besetzen auf Trainersignal die Positionen der jeweils anderen Spielsituation. Sollten nur vier (acht) Spieler übrig bleiben, so besteht dieses Team nur aus einer Abwehr (plus Mittelfeld).

Übung 2:

- Alle Spieler nehmen die Positionen ein, die es bei einem kontrollierten Spielaufbau zu besetzen gilt. Das bedeutet: Die beiden Innenverteidiger befinden sich fast auf Strafraumbreite. Die beiden Außenverteidiger befinden sich an der Seitenlinie und leicht vorgerückt. Die beiden zentralen Mittelfeldspieler staffeln sich im Zentrum. Die beiden Mittelfeldaußen besetzen das Halbfeld und die beiden Angreifer sind ebenfalls gestaffelt.

- Über den gesamten Platz elf Hütchen entsprechend der Position der Spieler bei eigenem Ballbesitz aufbauen.

- Im gegenüberliegenden Tor steht ein Torwart und die Positionen 3 (Außenverteidiger), 9 (Angreifer) und 11 (Angreifer) sind je dreifach besetzt.

- Die Übung beginnt, indem der Torwart jeweils dem rechten (4) und linken (5) Innenverteidiger direkt hintereinander einen Ball zuspielt.

- Nummer 4, 2, 6 und 8 (Raute 1, siehe Zeichnung) spielen sich den Ball entsprechend der Zeichnung zu: Reihe überschlagen, prallen lassen und Seitenwechsel einleiten.

- Auf der anderen Seite leitet 5 den Ball zu 3 weiter und 3 zu 7. In Raute 2 wird ebenfalls entsprechend der Zeichnung gepasst: Reihe überschlagen, prallen lassen, quer spielen und zum Hinterlaufenden 3 passen.

- 3 flankt nun zu den beiden kreuzenden Angreifern 9 und 11.

- 3, 9 und 11 holen den Ball und stellen sich wieder auf ihren Positionen an.

- Nach der Spielverlagerung spielt der eigene Torwart sofort einen neuen Ball zu 4.

Übung 3:

- Einen Parcours entsprechend der Zeichnung aufbauen und die Spieler entsprechend ihren Positionen aufteilen.

- Beide Spieler 10 beginnen die Übung gleichzeitig, indem sie in das Rechteck mit den beiden Innenverteidigern dribbeln, dort versuchen sie, die Grundlinie zu überdribbeln und zum Torabschluss zu kommen.

- Die Innenverteidiger doppeln den Gegner und sobald sie den Ball erobert haben, passen sie zum Mittelfeldspieler 6. Dieser befindet sich in offener Stellung zum Spiel, nimmt den Ball außen zur Seite an und mit (um das Hütchentor), dribbelt um das nächste Hütchen und spielt dann in die Tiefe zum Angreifer 9 bzw. 11.

- Die Angreifer dribbeln auf die Außenverteidiger zu und versuchen, sich im 1 gegen 1 durchzusetzen.

- Die Positionen der Angreifer und Außenverteidiger sind doppelt besetzt und nach jeder Aktion wechseln dort die Spieler. Ebenfalls nach jeder Aktion wechseln die Spieler 6 und 10 ihre Aufgaben.

- Erkennt 6, dass die Innenverteidiger Probleme haben, den Ball zu erobern, nimmt er sich den Ball aus dem Hütchentor und spielt diesen in die Tiefe zu den Angreifern. Somit vermeidet man lange Wartezeiten der Angreifer und Außenverteidiger.

Übung 4:

- Für die Abschluss-Übung wird mittig auf dem Spielfeld ein ca. 40 Meter tiefes Feld mit sechs Hütchentoren aufgebaut.

- In dem Feld wird nun 6 gegen 6 bis 8 gegen 8 gespielt, je nachdem wie viele Spieler zur Verfügung stehen. Hinter dem Feld agieren auf beiden Seiten je ein Angreifer der anderen Mannschaft. Die Großtore sind mit Torhütern besetzt.

- Die Mannschaft in Ballbesitz versucht durch Anwendung gruppentaktischer Angriffsmittel und häufiger Spielverlagerung durch eines der drei Hütchentore zum Angreifer vor dem gegnerischen Tor zu passen. Erhält dieser den Ball, versucht er ein Tor gegen den gegnerischen Torwart zu erzielen.

- Die verteidigende Mannschaft agiert ballorientiert mit Viererabwehrkette. Je nach Spielerzahl verfügen sie über zwei bis vier Mittelfeldspieler. Bei dieser Übung wird besonders das Zusammenspiel von Abwehr und Mittelfeld verbessert, hauptsächlich weil auf Abstände zwischen den Mannschaftsteilen geachtet werden muss und weil ballführende Gegner, je nach Spielsituation, von Spielern aus verschiedenen Mannschaftsteilen gedoppelt werden müssen.

- Die ballbesitzende Mannschaft sollte gestaffelt angreifen, dass diese bei Ballverlust eine Absicherung besitzt. Außerdem sollte bei Ballverlust schnell umgeschaltet werden, damit alle drei Tore gesichert werden können.

- Regeln: Nach einem Ballgewinn muss der Ball erst gesichert werden, damit der Angreifer hinter der gegnerischen Mannschaft angespielt werden darf. Welche Mannschaft hat nach dreimal vier Minuten die meisten Tore erzielt? Genügend Ersatzbälle bereit halten.

Positionsangriff
Erste Trainingseinheit

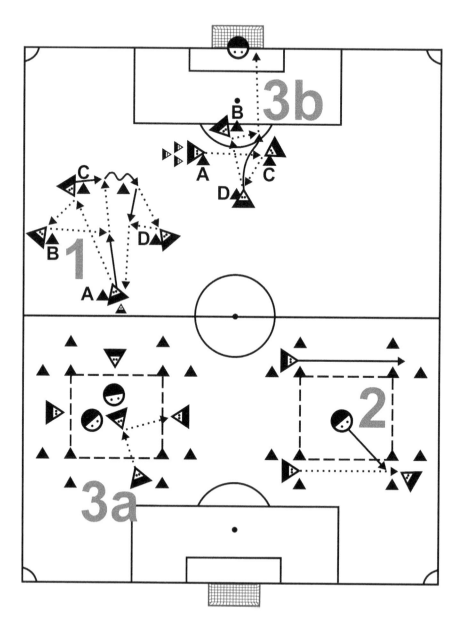

Einleitung:

Die meisten Tore im Fußball fallen aus dem Spiel heraus gegen eine ungeordnete Defensive. Wie man den Gegner aus der eigenen Hälfte lockt und so Räume für einen Konter vorbereitet, wurde im Kapitel **Abwehrpressing** und **Konterangriff** erklärt. Schnelles Umschalten und steile Pässe in die gegnerische Hälfte, mit dem Versuch, einen Mitspieler im Rücken der Abwehr anzuspielen, heißt hier die Devise.

Doch wie erspielt man sich Torchancen gegen eine kompakte und geordnete Defensive? Hier lautet das Ziel zwar auch, Räume vorzubereiten, um dann im Rücken der Abwehr zu kommen, jedoch mit dem Unterschied, dass die Umsetzung wesentlich komplexer ist. Neben einer kreativen Anreihung gruppentaktischer Angriffsmittel (Doppelpass, Hinterlaufen, Direktspiel, Gegner binden, Pass in die Tiefe) und mannschaftstaktischem Verhalten (Überzahl in Ballnähe, Rautenbildung, Spielverlagerungen, maximale Raumaufteilung in alle Richtungen, Flügelspiel usw.), sind auch besonders die individuellen Fähigkeiten der Spieler gefragt (Ballsicherheit, Ballan- und -mitnahme, Dribbling, Fintieren, Peripheres Sehen und Handlungsschnelligkeit).

In den ersten drei Trainingseinheiten soll das **Positionsspiel** verbessert werden. Also die Ballbehauptung im engen Raum unter Gegnerdruck. In der vierten Trainingseinheit lernen die Spieler, den **Gegner zu binden**, um so Räume für in die Tiefe startende Mitspieler zu schaffen. In der fünften Einheit geht es um die **Spielverlagerung** mit dem Ziel, kompakte Defensivblöcke auseinanderzuziehen. Die letzte Trainingseinheit befasst sich mit dem **Flügelspiel**, um die Variabilität des Angriffsspiels nochmals zu erhöhen.

Ablauf:

- Alle Spieler → Übung 1 → Schwerpunkt: Direktspiel, Innenseitstoß, Ballan- und -mitnahme, Taktik: Doppelpass, Rautenbildung, Tiefe spielen
- Alle Spieler → Übung 2 → Schwerpunkt: Innenseitstoß, Ballsicherheit, Taktik: Dreiecksbildung
- 1/2 Mannschaft → Übung 3a → Schwerpunkt: Ballsicherheit, Direktspiel, Taktik: Dreiecksbildung
- 1/2 Mannschaft → Übung 3b → Schwerpunkt: Direktspiel, Innenseitstoß, Taktik: Rautenbildung, Schießen

Übung 1:

- Für je fünf Spieler fünf Hütchen entsprechend der Zeichnung aufbauen.
- An den Hütchen B bis D je ein Spieler ohne Ball postieren. Die restlichen Spieler stehen mit Bällen am Starthütchen A.
- Die Übung beginnt A mit einem Pass in die Tiefe zu C. B wird mit diesem Pass überschlagen und C hat zuvor eine Auftaktbewegung absolviert.
- C lässt auf B prallen, B legt auf A auf und A spielt durch das Hütchentor (Lücke) zu C. C nimmt den Ball an und mit, spielt einen Doppelpass mit D und leitet den Ball zum nächsten Spieler am Starthütchen A weiter.

- Alle Spieler rücken eine Position weiter.
- Nach der Hälfte der Zeit die Spielrichtung, zum Trainieren der Beidfüßigkeit, wechseln.
- Tipp: Die Positionen werden so gewechselt, dass man sich stets frontal zum Übungsablauf (offene Spielstellung) befindet.

Übung 2:

- Ein 10 mal 10 Meter großes Quadrat aufbauen und außerhalb jeder Ecke ein 3 mal 3 Meter großes Feld markieren.
- Es wird 3 gegen 1 auf Ballhalten gespielt. Bei einem Ballverlust wechseln Verteidiger und Fehlerverursacher die Position.
- Regeln: Die Angreifer dürfen nur innerhalb der kleinen Eckfelder den Ball berühren. Die Pässe dürfen nicht durch das innere Quadrat gespielt werden und die Angreifer dürfen ihn auch nicht betreten. Der Verteidiger darf überall agieren. Zwei Pflichtkontakte für die Angreifer.
- Tipp: Die Angreifer müssen ihre Laufwege so wählen, dass sie stets im Dreieck zueinander stehen. Ansonsten hat der Ballbesitzer nur eine Anspielstation. Dazu bleibt der Passgeber in seiner Ecke stehen und der Spieler, der nicht den Pass bekommen hat, muss in die freie Ecke starten.
- Variation: Angreifer dürfen auch direkt spielen.

Übung 3a:

- Das Feld aus Übung 2 übernehmen.
- Es wird 5 gegen 2 auf Ballhalten gespielt. Die Angreifer dürfen zwei Ballkontakte haben.
- Ein Angreifer postiert sich ins innere Quadrat und die anderen Angreifer werden fest einem Außenfeld zugewiesen.
- Die Verteidiger müssen den Ball kontrolliert erobern, das heißt, ein Spieler hat zwei Ballkontakte hintereinander oder er spielt zum zweiten Verteidiger ab. Nur in diesem Fall wechselt der Spieler, der am längsten Verteidiger war, die Position mit dem Angreifer, der den Fehler verursacht hat.
- Tipp: Der zentrale Spieler bewegt sich so, dass er sich stets im Dreieck mit dem ballführenden Angreifer und einem weiteren Angreifer befindet. Jeder Spieler soll mal zentraler Angreifer gewesen sein.
- Variation: Direktspiel

Übung 3b:

- Vier Hütchen in einer Raute vor dem Tor aufbauen.
- An den Hütchen B bis D je ein Spieler ohne Ball und am Starthütchen A die restlichen Spieler mit jeweils einem Ball postieren.

- Spieler A beginnt die Übung mit einem Pass zu C, C lässt auf D prallen, D spielt weiter zu B und B legt D den Ball zum Torschuss (Vollspann) auf.

- Alle Spieler rücken im Uhrzeigersinn eine Position weiter. D holt den Ball und stellt sich bei A an.

- Variation A: Spielrichtung ändern, in dem C zum Starthütchen mit den Spielern mit den Bällen wird. Gewechselt wird dann entgegen dem Uhrzeigersinn.

- Variation B: Die Position der Hütchen-Raute ändern. Näher zum Tor = Abschluss mit der Innenseite. Nach außen rücken: Abschluss mit dem Innenspann.

Positionsangriff

Zweite Trainingseinheit

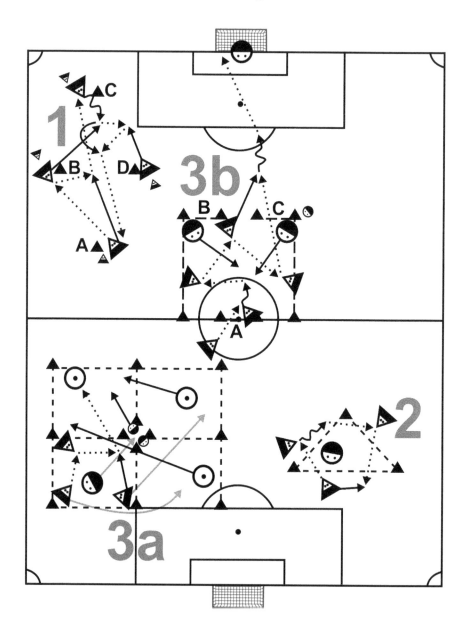

Ablauf:

- Alle Spieler → Übung 1 → Schwerpunkt: Direktspiel, Innenseitstoß, Taktik: Doppelpass, Rautenbildung
- Alle Spieler → Übung 2 → Schwerpunkt: Ballsicherheit, Taktik: Dreiecksbildung
- 1/2 Mannschaft → Übung 3a → Schwerpunkt: Ballsicherheit, Handlungsschnelligkeit, Peripheres Sehen, Taktik: Dreiecksbildung
- 1/2 Mannschaft → Übung 3b → Schwerpunkt: Ballsicherheit, Taktik: Rautenbildung, Tiefe spielen

Übung 1:

- Für je acht Spieler vier Hütchen, im Abstand von ca. zwölf Metern, als Raute aufbauen.
- Jeweils zwei Spieler an jedes Hütchen postieren. Die beiden Spieler am Starthütchen A haben je einen Ball.
- A spielt Doppelpass mit B und leitet den Ball nach C weiter. C spielt Doppelpass mit D und leitet den Ball nach A weiter. (Ohne Abbildung)
- Variation, siehe Abbildung: A spielt Doppelpass mit B und leitet den Ball nach C weiter. B startet nach seinem Pass sofort C entgegen und wird dadurch teilaktiver Abwehrspieler. B wird nun per Doppelpass von C und D ausgespielt und C leitet den Ball wieder zurück zum Starthütchen A.
- Alle Spieler rücken eine Position weiter.
- Spielrichtung nach der Hälfte der Zeit wechseln.

Übung 2:

- Für je vier Spieler ein 3 mal 3 Meter großes Dreieck aufbauen.
- An jeder Außenseite befindet sich ein Angreifer und im Dreieck befindet sich ein Verteidiger.
- Die Angreifer spielen nun auf Ballhalten und dürfen dabei maximal zwei Ballkontakte haben.
- Der Verteidiger darf nur innerhalb des Dreiecks agieren. Erobert er den Ball, wechselt er mit dem Fehlerverursacher die Position.
- Tipp: Der Ball darf nicht ruhen. Bereits mit dem ersten Ballkontakt den Pass vorbereiten. Aus dem Deckungsschatten des Verteidigers gehen und auf eine Dreiecksbildung achten.

Übung 3a:

- Ein 20 mal 20 Meter großes Quadrat aufbauen, welches aus vier gleichgroßen Teilquadraten besteht. In der Mitte eine kleine „Wartezone" markieren.

- Drei Mannschaften zu je drei Spielern einteilen. Mannschaft A = Dreiecke. Mannschaft B = Kreis mit einem Punkt. Mannschaft C = Kreis mit zwei Punkten. Mannschaft A und B sind zuerst Angreifer und Mannschaft C Verteidiger.

- In einem Teilquadrat spielt Mannschaft A 3 gegen 1 auf Ballhalten (maximal zwei Ballkontakte) gegen einen Spieler der Mannschaft C. Die zwei anderen Spieler von C befinden sich in der Wartezone. Je ein Spieler von Mannschaft B befindet sich in den anderen drei Teilquadraten.

- Nach mindestens drei und maximal fünf Passfolgen von Mannschaft A soll ein Angreifer der Mannschaft B in einem der drei anderen Teilquadrate angespielt werden. Mit diesem Abspiel wird folgender Ablauf in Gang gesetzt: Sofort rücken die beiden anderen Spieler der Mannschaft B in das „gepasste" Teilquadrat. Sofort rückt ein Verteidiger aus der Wartezone in dieses Teilquadrat (der ausgespielte Verteidiger wechselt in die Wartezone). Die Spieler der Mannschaft A teilen sich in die übrigen drei Teilquadrate auf.

- In dem „gepassten" Teilquadrat spielt nun Mannschaft B 3 gegen 1 auf Ballhalten gegen einen Spieler der Mannschaft C.

- Erobert ein Verteidiger den Ball, wechselt seine Mannschaft mit der Mannschaft, die den Fehlpass verursacht hat.

Übung 3b:

- Ein 20 mal 20 Meter großes Quadrat vor dem Tor aufbauen. Auf der Grundlinie des Quadrats befindet sich mittig ein Hütchentor A und auf der Ziellinie zwei Hütchentore B und C.

- Vier Angreifer postieren sich als Raute im Quadrat und zwei Verteidiger befinden sich in den Ecken der Ziellinie. Jede Mannschaft hat mindestens ein Ersatzspieler.

- Der Ersatzspieler der Angreifer passt durch das Hütchentor A zu dem in der offenen Stellung befindlichen Angreifer (in den Fuß Richtung Spielfeld). Mit diesem Pass starten die beiden Verteidiger ins Feld und versuchen, den Ball zu erobern.

- Die vier Angreifer spielen auf Ballhalten (maximal zwei Ballkontakte). Frühstens nach dem fünften Pass in Folge dürfen sie in die Tiefe, durch eines der beiden Hütchentore B/C zum vordersten Angreifer passen. Der vordere Angreifer startet dann zwischen den zwei Hütchentoren Richtung Tor und kommt zum Torabschluss.

- Nach der Aktion rotieren die Angreifer eine Position weiter und pausierende Verteidiger wechseln ins Feld. Jeden Spieler mal als Verteidiger und Angreifer agieren lassen.

- Tipp: Die Angreifer behalten stets die Rautenformation bei. Die Außenspieler gehen auf maximale Breite und agieren ausschließlich an ihrer Seitenlinie mit offener Stellung zum Spiel. Der vorderste Angreifer geht auf Lücke. Sollten nämlich die beiden Außenspieler von den Verteidigern zugestellt werden, so ist er anspielbar. Im Idealfall die Passkombinationen so planen, dass der Passweg beim fünften oder sechsten Zuspiel in die Tiefe frei ist.

Positionsangriff
Dritte Trainingseinheit

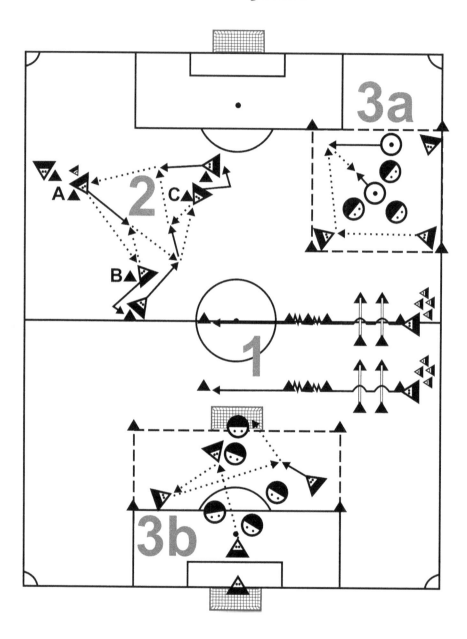

Ablauf:

- Alle Spieler → Übung 1 → Schwerpunkt: Koordination, Antrittsschnelligkeit
- Alle Spieler → Übung 2 → Schwerpunkt: Innenseitstoß, Direktspiel, Taktik: Tiefe spielen, Dreiecksbildung
- 1/2 Mannschaft → Übung 3a → Schwerpunkt: Ballsicherheit, Taktik: Dreiecksbildung
- 1/2 Mannschaft → Übung 3b → Schwerpunkt: Direktspiel, Schießen, Taktik: Rautenbildung, Umschalten

Übung 1:

- Für jeweils die Hälfte der Mannschaft zwei Hürden hintereinander platzieren. Nach den Hürden drei Hütchen im Abstand von ca. 50 cm und ein Zielhütchen im Abstand von ca. zehn Metern.
- Auf Trainersignal absolviert der jeweils erste Spieler zwei Schlusssprünge über die Hürden, dann jeweils vier Bodenkontakte in den Zwischenräumen der drei Hütchen und zum Schluss einen Sprint zum Zielhütchen.

Übung 2:

- Für sieben bis acht Spieler drei Hütchen im Abstand von ca. 15 Metern als Dreieck aufbauen. Drei Meter hinter jedem Hütchen ein weiteres Hütchen platzieren.
- An jedes Hütchen ein Spieler ohne Ball. Nur am Starthütchen A stehen zwei Spieler mit einem Ball.
- A spielt zum vorderen Spieler von B, der den Ball prallen lässt. A spielt nun in die Tiefe zum hinteren Spieler von B. Dieser spielt zum vorderen Spieler von C und immer so weiter.
- Der vordere Spieler wird zum hinteren Spieler derselben Ecke und der hintere Spieler wird vorderer Spieler der nächsten Ecke. Der vordere Spieler wechselt im Rückwärtslauf parallel zum Laufweg des hinteren Spielers zum hinteren Hütchen.

Übung 3a:

- Ein 20 mal 20 Meter großes Quadrat aufbauen.
- Zwei Mannschaften zu je drei Spieler bilden und zwei neutrale Spieler bestimmen. Es wird 5 gegen 3 auf Ballhalten (maximal zwei Ballkontakte) gespielt. Mit der ballbesitzenden Mannschaft spielen die zwei neutralen Spieler.
- 15 Pässe in Folge und die drei Verteidiger müssen fünf Liegestütze absolvieren. Die neutralen Spieler regelmäßig wechseln. Angreifer und Verteidiger wechseln nach jeweils fünf Minuten ihre Aufgaben.
- Tipp: Ein Angreifer besetzt immer das Zentrum, so dass er im Dreieck zum Ballführenden und einem weiteren Angreifer steht.
- Variation: Feldgröße ändern, Freies Spiel oder Direktspiel.

Übung 3b:

- Einen doppelten Strafraum markieren. Ein mobiles Tor gegenüber dem Großtor aufbauen und mit Torhütern besetzen.

- Es wird 4 gegen 4 gespielt. Tore zählen von überall. Jede Mannschaft agiert als Raute im 1-2-1.

- Tipp Angreifen: Bei Ballbesitz unbedingt als Raute formieren. So hat man durch die vorhandenen Dreiecke die Möglichkeit, alle gruppentaktischen Angriffsmittel sinnvoll einzusetzen. Aus dem Deckungsschatten des Gegners lösen und in freie Aktionsräume starten. Auf eine offene Spielstellung, besonders der Außenspieler, achten.

- Tipp Verteidigen: Bei gegnerischem Ballbesitz üben die vorderen drei Spieler, formiert als Dreieck, Druck auf den Ball aus. Der defensive Spieler sichert dieses „Dreieck" ab.

Positionsangriff
Vierte Trainingseinheit

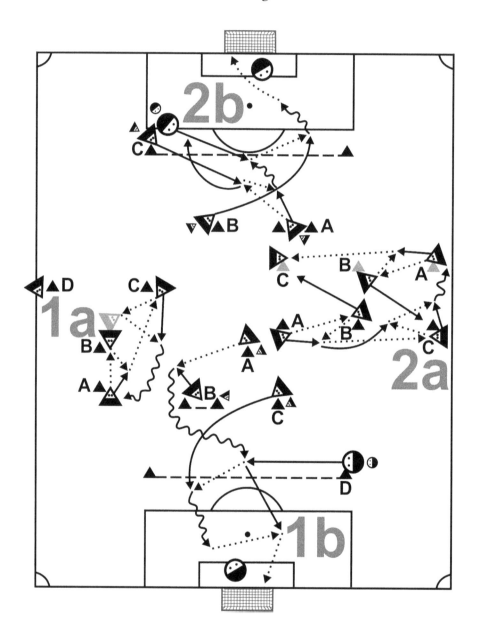

Einleitung:

In dieser Trainingseinheit zum Positionsangriff, also gegen eine geordnete Defensive, geht es schwerpunktmäßig um das **2 gegen 1 in der Offensive**. Das 2 gegen 1 ist im Fußball die kleinste gruppentaktische Spielsituation, sie wird deshalb auch als „Atom der Fußballtaktik" bezeichnet. Starke Offensivmannschaften koordinieren ihre Angriffe mit dem Ziel, 2-gegen-1-Situationen zu provozieren.

Die Vorgehensweise beim 2 gegen 1 ist immer dieselbe. Der Ballführende dribbelt auf den Verteidiger zu, um ihn an sich zu binden und so einen Passweg in die Tiefe für den zweiten Angreifer zu öffnen. Der zweite Angreifer hinterläuft oder bietet sich longline zum Pass in die Tiefe an. Der Ballführende absolviert nun idealerweise vor dem Verteidiger eine Finte und je nach Verteidigerverhalten spielt er in die Tiefe zum zweiten Angreifer oder bricht selbst explosiv am Verteidiger vorbei.

Eine weitere Möglichkeit wäre der Doppelpass. Dieser würde zur Anwendung kommen, wenn der zweite Angreifer seitlich und in kurzer Distanz zum Ballführenden steht. Ein Doppelpass kann ebenfalls angetäuscht werden. Falls der Verteidiger spekuliert, bricht der Ballführende auch hier selbst explosiv am Verteidiger vorbei.

Der nächste Lernschritt wäre nun das 3 gegen 1 in der Offensive. Das Trainieren des 3 gegen 1 kann fast alle taktischen Möglichkeiten eines Angriffsspiels beinhalten und das sogar unter wettkampfnahen Bedingungen. Folgende Elemente werden u.a. dabei trainiert: Lösen vom Gegner, Direktspiel, Doppelpass, Pass in die Tiefe, Hinterlaufen, Dribbling, Fintieren. Zusätzlich lernen die Spieler dabei, freie Aktionsräume zu erkennen und in diese zu starten.

Ablauf:

- 1/2 Mannschaft → Übung 1a → Schwerpunkt: Innenseitstoß, Direktspiel, Dribbling, Taktik: Lösen vom Gegner, Ball sichern, Tiefe spielen, Doppelpass

- 1/2 Mannschaft → Übung 1b → Schwerpunkt: Dribbling, Fintieren, Taktik: Hinterlaufen, Überzahlsituation, Gegner binden, Tiefe spielen

- 1/2 Mannschaft → Übung 2a → Schwerpunkt: Innenseitstoß, Direktspiel, Handlungsschnelligkeit, Taktik: Lösen vom Gegner, Doppelpass

- 1/2 Mannschaft → Übung 2b → Schwerpunkt: Dribbling, Fintieren, Taktik: Hinterlaufen, Überzahlsituation, Gegner binden, Tiefe spielen

Übung 1a:

- Für je vier Spieler vier Hütchen in einer Y-Form aufbauen. Abstand D nach C beträgt 15 Meter, A nach B sechs Meter und die Grundlinie D/C ist 15 Meter von A entfernt.

- An jedem Hütchen ein Spieler postieren und nur Spieler A hat einen Ball.

- A passt zu B, B lässt prallen, A passt in die Tiefe zu C, C spielt Doppelpass mit B und dribbelt zum Starthütchen.

- A wechselt nach B und B nach C.

- Nun gleicher Ablauf, jedoch mit einem Pass in die Tiefe zu D.
- Tipp: Immer in den äußeren Fuß von Spieler B passen. Immer eine Auftaktbewegung absolvieren.

Übung 1b:

- Die Hütchen entsprechend der Zeichnung aufbauen und die Spieler zu gleichen Teilen an den vier Stationen aufteilen.
- Spieler A haben die Bälle.
- Da B eine offene Stellung zum Spiel behalten soll, bietet er sich im Rückwärtslauf A zu einem Pass an. A passt, B nimmt das Zuspiel außen um das Hütchentor an und mit und dribbelt auf zentrale Position vors Tor. Verteidiger D wird mit dem ersten Ballkontakt von B aktiv. B dribbelt auf D zu, um ihn zu binden, und gleichzeitig wird er von C hinterlaufen.
- Je nach Verhalten von Verteidiger D bricht B selbst durch oder spielt in die Tiefe zu C. D darf nicht hinter dem großen Hütchentor D agieren.
- A wechselt nach B, B nach C und C holt den Ball, um sich wieder bei A anzustellen. Die Verteidiger D werden regelmäßig gewechselt, so dass jeder mal jede Position besetzt hat.
- Regeln: Hütchentor D ist gleichzeitig eine Abseitslinie. Ist der Angreifer früher als der Ball über die Linie, steht er im Abseits und die Aktion wird abgebrochen.
- Variation: Anstatt zu hinterlaufen startet C longline Richtung Tor.

Übung 2a:

- Zwei Reihen mit jeweils drei Hütchen entsprechend der Zeichnung aufbauen. Die Hütchen stehen jeweils im Abstand von sechs Metern zueinander.
- Je Hütchen einen Spieler postieren. Die beiden Spieler A haben einen Ball.
- Die Spieler A beginnen gleichzeitig die Übung, indem sie mit B Doppelpass spielen und den Ball nach C weiterleiten.
- Direkt nach diesen Pässen wechselt A nach B und B nach C der anderen Hütchenreihe.
- C spielt nun Doppelpass mit A (der mittlerweile bei B steht). B (der nach C der anderen Hütchenreihe wechselt) agiert dabei als teilaktiver Verteidiger. C dribbelt nach dem Doppelpass nach A der anderen Hütchenreihe. Die Übung beginnt wieder von vorne.

Übung 2b:

- Den Parcours aus Übung 1b übernehmen. Lediglich das Hütchen A kann entfernt werden.
- Je zwei Angreifer an die drei Stationen stellen. Station C wird zusätzlich noch mit zwei Verteidigern besetzt.

SPIELEND ANGREIFEN LERNEN

- Die Spieler A haben die Bälle.

- Die Übung beginnt indem, Angreifer C Richtung A startet. Verteidiger C verfolgt ihn. A passt nun zu Angreifer C, dieser lässt entweder auf A oder B prallen und startet links oder rechts in die Tiefe Richtung Tor.

- Der neue Ballbesitzer dribbelt ins Zentrum und der dritte Angreifer startet auf der anderen Seite in die Tiefe als Angreifer C. Somit hat der Ballführende im Zentrum zwei Anspielstationen (links und rechts).

- Je nach Verhalten des Verteidigers (er darf nur vor Hütchentor C agieren) wird nun der linke oder rechte Angreifer in der Tiefe angespielt.

- A wechselt nach B, B zu den Angreifern C und Angreifer C holt den Ball, um sich wieder bei A anzustellen. Die Verteidiger C werden regelmäßig gewechselt, so dass jeder mal jede Position besetzt hat.

- Regeln: Hütchentor C ist gleichzeitig eine Abseitslinie. Ist der Angreifer früher als der Ball über die Linie, steht er im Abseits und die Aktion wird abgebrochen.

Positionsangriff
Fünfte Trainingseinheit

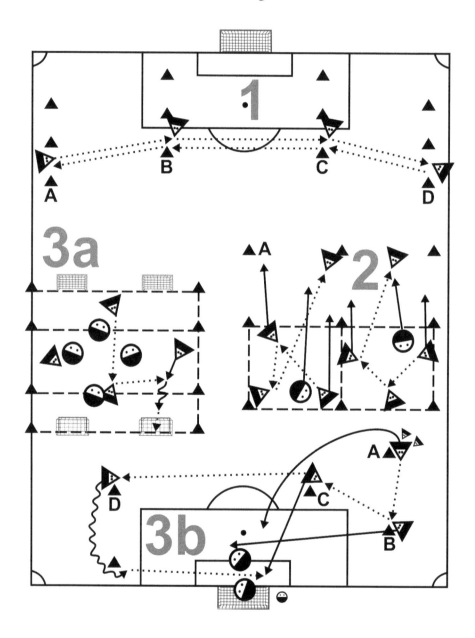

Ablauf:

- Alle Spieler → Übung 1 → Schwerpunkt: Innenseitstoß, Ballan- und -mitnahme, Taktik: Spielverlagerung
- Alle Spieler → Übung 2 → Schwerpunkt: Ballsicherheit, Direktspiel, Taktik: Dreiecksbildung, Spielverlagerung, Tiefe spielen
- 1/2 Mannschaft → Übung 3a → Schwerpunkt: Direktspiel, Handlungsschnelligkeit, Peripheres Sehen, Taktik: Rautenbildung, Spielverlagerung, Umschalten
- 1/2 Mannschaft → Übung 3b → Schwerpunkt: Direktspiel, Innenseitstoß, Dribbling, Taktik: Spielverlagerung, Flügelspiel

Übung 1:

- Für je vier Spieler vier Hütchen entsprechend der Position einer Viererkette aufbauen.
- An jedem Hütchen einen Spieler möglichst positionsspezifisch postieren. Spieler A hat einen Ball.
- Der Ball wird nun durch die Positionen von A nach D und wieder zurück gespielt. Zwei Pflichtkontakte für jeden Spieler. Welche Viererkette schafft es als erstes, den Ball fünfmal zurück zum Starthütchen A zu spielen?

Übung 2:

- Für je fünf Spieler zwei 10 mal 10 Meter große Quadrate nebeneinander markieren.
- In einem Quadrat wird 3 gegen 1 auf Ballhalten gespielt und auf der Grundlinie des anderen Quadrats befindet sich ein vierter Angreifer. Es wird direkt gespielt.
- Der vierte Angreifer versucht ständig, in der Tiefe anspielbereit zu sein. Nach drei Passfolgen darf der Angreifer im anderen Quadrat angespielt werden. Sofort rücken zwei Angreifer und der Verteidiger nach und spielen nun im anderen Quadrat 3 gegen 1 auf Ballhalten.
- Erobert der Verteidiger den Ball, wechselt er die Position mit dem Fehlerverursacher.
- Für jede Spielverlagerung bekommt der Verteidiger einen Minuspunkt. Bei fünf Minuspunkten muss er einen Durchgang lang zusätzlich Verteidiger bleiben.
- Variation: Der vierte Angreifer darf erst nach fünf Passfolgen angespielt werden. Er darf nur nach einem Trainersignal angespielt werden.

Übung 3a:

- Ein 30 mal 30 Meter großes Feld aufbauen. Zwei Endzonen markieren und an jeder Grundlinie zwei Minitore stellen.
- Im Feld wird 4 gegen 4 gespielt. Die Mannschaften agieren als Raute. Tore dürfen nur aus der Endzone heraus erzielt werden.

- Tipp: Durch schnelle Spielverlagerung Überzahl vor einem Minitor schaffen.

Übung 3b:

- Die Hütchen entsprechend der Zeichnung vor dem Tor aufbauen.

- Zwei Verteidiger bestimmen, die im Wechsel agieren. Diese aber regelmäßig mit anderen Spielern tauschen.

- An den Hütchen B bis D je ein Spieler ohne Ball und die restlichen Spieler mit Bällen ans Starthütchen A.

- A passt zu B, B zu C und C verlagert das Spiel auf D. D dribbelt bis zur Grundlinie und spielt zu einem freien Angreifer vor dem Tor. Direkt nach diesen Pässen besetzt B den Rückraum am kurzen Pfosten, C den langen Pfosten und A startet zentral in den Rückraum.

- Nach dem Torabschluss wechseln alle Spieler eine Position weiter.

- Tipp: Beim Flügelspiel soll ein Abschlussdreieck gebildet werden. Der Flankengeber steht im Dreieck mit einem Angreifer im Rückraum auf Höhe des kurzen Pfostens und einem zweiten Angreifer im Torraum auf Höhe des langen Pfostens.

- Variation: Die vier Hütchen doppelt besetzen. Gleicher Ablauf wie zuvor, jedoch dribbelt D Richtung Tor und kommt selbst zum Torabschluss. Alle Spieler rücken eine Position weiter. D holt den Ball und stellt sich bei A an.

Positionsangriff

Sechste Trainingseinheit

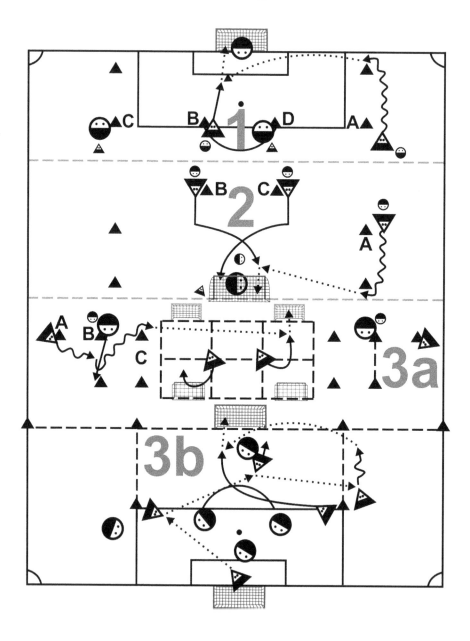

Ablauf:

- Alle Spieler → Übung 1 → Schwerpunkt: Dribbling, Taktik: Flügelspiel
- Alle Spieler → Übung 2 → Schwerpunkt: Dribbling, Taktik: Flügelspiel, Hinterlaufen
- 1/2 Mannschaft → Übung 3a → Schwerpunkt: Dribbling, Taktik: Flügelspiel, Hinterlaufen
- 1/2 Mannschaft → Übung 3b → Schwerpunkt: Direktspiel, Handlungsschnelligkeit, Peripheres Sehen, Taktik: Flügelspiel, Dreiecksbildung, Umschalten

Übung 1:

- Ein mobiles Tor auf die Mittellinie postieren. Vor beiden Toren werden nun die Hütchen entsprechend der Zeichnung (Übung 1) aufgebaut.
- Die Mannschaft teilt sich auf beiden Toren auf und die Spieler vor jedem Tor werden nochmals in zwei Teams unterteilt.
- An den Hütchen A bis D je Team ein Spieler. Im Wechsel werden nun Flanken von rechts und links auf einen Spieler seines Teams gespielt.
- Die beiden Teams treten im Wettkampf gegeneinander an. Ein Kopfballtreffer gibt drei Punkte, ein Treffer ohne vorherigen Bodenkontakt gibt zwei Punkte und ein direkter Treffer mit vorherigem Bodenkontakt einen Punkt.
- Die Positionen nach jeder Aktion wechseln, so dass jeder im Wechsel flankt und verwertet.
- Variation: Freistoßflanken.
- Tipp: Erst wenn man die Flugbahn des Balls berechnen kann, in den Strafraum starten. So unterläuft man nicht die Flanke und man kann den Schwung des Anlaufs in den Torabschluss übertragen.

Übung 2:

- Gleicher Aufbau wie in Übung 1. Nur die beiden mittleren Hütchen werden um fünf Meter nach hinten versetzt.
- Je ein Spieler pro Team an den Positionen A bis C aufteilen und von jedem Team ein Spieler als Verteidiger bestimmen, die im Wechsel agieren.
- Es starten immer zwei Angreifer gleichzeitig Richtung Tor, um eine Flanke vom Mitspieler zu verwerten. Nach der Hälfte der Zeit die Seite wechseln und neue Verteidiger bestimmen.
- Tipp: Die beiden Angreifer haben drei Optionen, um den Verteidiger zu verwirren. Sie kreuzen beim Hereinstarten, sie brechen das Kreuzen ab oder sie kreuzen gar nicht. Brechen sie das Kreuzen ab, so muss dies durch den vorderen Spieler initiiert werden. Der hintere Spieler sieht die Aktion und kann darauf entsprechend reagieren.

Übung 3a:

- Ein großes Feld mit sechs Quadraten von 4 mal 4 Metern markieren. Vier Hütchentore aufbauen und an jeder Seite des Feldes fünf Hütchen entsprechend der Zeichnung.

- Zwei Angreifer mit Ball postieren sich an den beiden Starthütchen A und je ein Angreifer an den beiden mittleren Hütchen des Großfeldes. Je zwei Verteidiger postieren sich an den beiden Hütchen B.

- Ein Angreifer A beginnt die Übung, indem er über Hütchentor B dribbelt. Mit dem ersten Ballkontakt von A wird B vollaktiv, darf aber nur auf der Linie des Hütchentors agieren.

- Nachdem A das Hütchentor B überdribbelt hat, dribbelt er außen um eine beliebige Seite des Hütchentors C, passt zu einem der zwei Angreifer im Großfeld und diese sollen direkt in eines der beiden Minitore, auf der ballnahen Seite, schießen.

- Tore der beiden Angreifer zählen nur, wenn sie mit dem Passgeber in einem **Abschlussdreieck** stehen. Also der Angreifer am ersten Tor im hinteren Quadrat und der Angreifer am zweiten Tor im vorderen Quadrat.

- Die beiden Angreifer im Großfeld gehen wieder in Ausgangsposition und es beginnt der gleiche Ablauf von der anderen Seite.

- Die Verteidiger B wechseln nach jeder Aktion.

- Nach der Hälfte der Zeit tauschen Angreifer und Verteidiger ihre Aufgaben. Welche Mannschaft erzielt mehr Tore?

- Variation: Die beiden Angreifer im Großfeld müssen vor dem Besetzen ihrer Position gekreuzt haben.

Übung 3b:

- Einen doppelten Strafraum mit zwei Toren markieren und mit Torhütern besetzen. Neben dem Spielfeld befindet sich je eine Flügelzone.

- Im doppelten Strafraum wird 3 gegen 3 gespielt und jedes Team hat einen Spieler in der Flügelzone.

- Die Spieler im doppelten Strafraum dürfen die Flügelzone nicht betreten.

- Tore nach einem Zuspiel aus der Flügelzone zählen doppelt.

Handlungsschnelligkeit
Erste Trainingseinheit

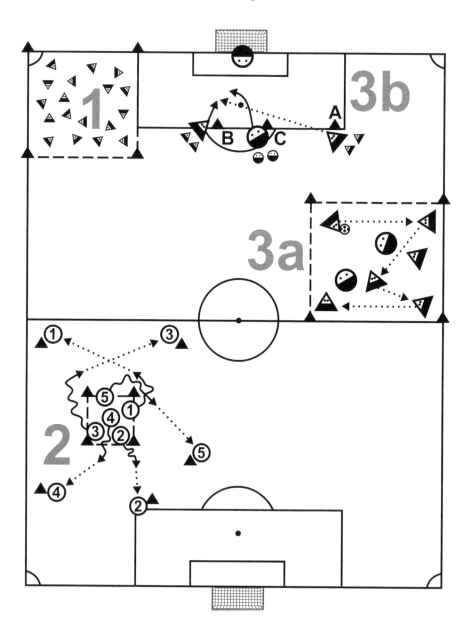

Einleitung:

Schon oft konnte man im Fußball sehen, wie Mannschaften, die mental und physisch stark waren, und auch technisch und taktisch dem Gegner überlegen, trotzdem das Spiel nicht gewinnen konnten. Wieso? Die vermeintlich überlegene Mannschaft war den berühmten Schritt zu spät am Ball und haben unter Zeitdruck die falsche Entscheidung getroffen. Die besten fußballerischen Fähigkeiten nützen nichts, wenn sie erst gar nicht oder falsch zur Anwendung kommen.

Während eines Spiels ist der Spieler ca. 90 % der Zeit nicht direkt am Spielgeschehen beteiligt. Trotzdem ist es unerlässlich, dass er ständig das Spiel beobachtet. Er soll aus jeder Aktion Schlüsse ziehen und entsprechend handeln. Je weniger Zeit für den Ablauf von der Spielbeobachtung bis hin zu einem darauf abgestimmten Handeln benötigt wird, desto besser. Dieser Ablauf wird im Fußball als **Handlungsschnelligkeit** bezeichnet.

Als Trainer kann man also davon ausgehen, dass die Handlungsschnelligkeit der Spieler einen großen Einfluss auf das Spielgeschehen hat. Schafft es der Gegner, die Spielsituationen schneller zu erkennen, wird man immer nur hinter dem Ball herlaufen, egal welche technischen Qualitäten man besitzt. Versucht man auf Situationen nur schnell zu reagieren, ohne aber eine gute Handlungsschnelligkeit zu besitzen, wird man keine Entscheidung treffen können, die im Einklang mit den Aktionen der Mitspieler steht. Die Handlungsschnelligkeit ist also keine reine Reaktionsschnelligkeit, sondern steht immer im Bezug zu den Handlungen aller Spieler auf dem Platz.

In der ersten Stufe zur Verbesserung der Handlungsschnelligkeit lernen die Spieler in den verschiedenen Situationen, die richtige Entscheidung zu treffen. Der Trainer korrigiert wiederholt gemachte Fehler, damit sich keine falschen Handlungsmuster einschleichen. Die Schnelligkeit der Ausführung soll zunächst zweitrangig sein. Erst wenn die Spieler wissen, wie sie in welcher Situation wie zu handeln haben, geht man in Stufe zwei über und arbeitet an einer schnellen motorischen Umsetzung der Handlung. Systematisch wird den Spielern immer weniger Zeit für ihre Handlungen gegeben. In der dritten und letzten Stufe haben die Spieler so wenig Zeit nachzudenken, dass sie ihre Entscheidungen intuitiv treffen müssen.

Die Handlungsschnelligkeit im Fußballtraining wurde in der Vergangenheit stark vernachlässigt. Meistens wurde sie nur zufällig bei anderen Trainingsinhalten mittrainiert. Zum Beispiel dort, wo es sehr schnell zu ganz neuen Spielsituationen kommt: Strafraumaktionen (enger Raum), Umschalten von Defensive auf Offensive (Konter) und umgekehrt, Überzahl- und Unterzahlsituationen mit nachrückenden Spielern. Interessant ist es zu wissen, dass rund 90 % aller Tore im Strafraum fallen, also dort, wo eine hohe Handlungsschnelligkeit gefragt ist. Schafft man es also, den Großteil der Strafraumaktionen für sich zu entscheiden, weil man über eine bessere Handlungsschnelligkeit verfügt, so ist die Wahrscheinlichkeit auch deutlich größer, Tore zu erzielen und Tore zu verhindern.

Die Handlungsschnelligkeit besteht aus drei Teilbereichen: Antizipationsfähigkeit, Entscheidungsfähigkeit und Kreativität. Antizipationsfähigkeit bedeutet zu erkennen, wie sich eine Spielsituation zukünftig entwickeln wird. Gelingt dies, hat man einen

kleinen Zeitvorsprung gegenüber dem Gegner, der eine Spielsituation erst wahrnimmt, wenn diese tatsächlich eintritt. Die Entscheidungsfähigkeit hängt im großen
Maße vom Selbstbewusstsein eines Spielers ab. Durch langes Hadern zwischen mehreren möglichen Entscheidungen wird wertvolle Zeit verloren. Der erste Gedanke
sollte unbedingt ausgeführt werden, auch wenn an dessen Richtigkeit im Laufe der
Aktion gezweifelt wird. Die Antizipationsfähigkeit kann im Fußballtraining durch
leicht dosierte Überforderungen geschult werden. Die Entscheidungsfähigkeit durch
vielfältige Variationen von Übungszielen.

Der dritte und letzte wichtige Bereich, der zu Handlungsschnelligkeit gehört, ist die
Kreativität. Kreativität setzt unbedingt Eigenverantwortung voraus. Spieler, die in allen Bereichen gemaßregelt werden, verlernen kreativ zu handeln. Stures Handeln
nach vorgeschriebenen Anweisungen hemmt die Vermehrung von neuronalen Vernetzungen im Gehirn. Eigenverantwortung und Selbstbewusstsein bewirkt das Ge-
genteil und führt zu einer schnellen Erfassung von komplexen Spielsituation (in Bezug zur vorgegebenen Taktik) und dem Treffen von korrekten Entscheidungen (in
Bezug zu den eigenen fußballerischen Fähigkeiten). Je höher also die Anzahl der neuronalen Vernetzungen im Gehirn sind, desto besser ist die Fähigkeit, blitzschnell
kreative Lösungen für wechselnde und auch unbekannte Situationen zu finden.

Es ist zu beachten, dass die Handlungsschnelligkeit im Ganzen mit der Willenskraft
steigt. Je stärker der Wille vorhanden ist, etwas zu erreichen, desto schneller können
die Informationen im Gehirn fließen und so zu einer situationsgerechten Handlung
führen. Um die Willenskraft auf ein hohes Level zu bringen, sollte der Trainer gut
motivieren können. Dies kann z. B. durch Loben oder der Vorgabe von realistischen
und erstrebenswerten Zielen geschehen. Unbedingt sollte der Erfolgsdruck von den
Spielern genommen werden. Denn zu hoher Druck führt zu Versagensängsten. Unter
Ängsten ist man entscheidungsschwach und auch zu keiner kreativen Leistung fähig.
In diesem Fall kann man nur noch auf vorhandene Gedankenmuster zurückgreifen.

Ablauf:

* Alle Spieler → Übung 1 → Schwerpunkt: Koordination, Handlungsschnelligkeit,
  Peripheres Sehen

* Alle Spieler → Übung 2 → Schwerpunkt: Dribbling, Handlungsschnelligkeit, Peripheres Sehen

* 1/2 Mannschaft → Übung 3a → Schwerpunkt: Direktspiel, Ballsicherheit, Handlungsschnelligkeit, Peripheres Sehen, Taktik: Dreiecksbildung

* 1/2 Mannschaft → Übung 3b → Schwerpunkt: Innenseitstoß, Fintieren, Handlungsschnelligkeit, 1 gegen 1 in der Defensive

Übung 1:

* Für alle Spieler ein 8 mal 8 Meter großes Quadrat aufbauen. Bei leistungsstärkeren
  Mannschaften kleiner.

* Die Spieler bewegen sich innerhalb des Quadrats frei und absolvieren folgende
  Aufgaben: Beine überkreuzen (Arme gegengleich mitschwingen), Sidesteps, Knie-

hebelauf, Anfersen, Hopserlauf, Rückwärtslauf und Sprint (ohne sich zu berühren). Auf eine korrekte Technik achten!

Übung 2:

- Ein 6 mal 6 Meter großes Quadrat aufbauen. Außerhalb des Quadrats für die Hälfte aller Spieler ein Hütchen postieren. Ein Aufbau entsprechend der Zeichnung bezieht sich auf zehn Spieler.

- Die Spieler in Paare einteilen.

- Ein Spieler pro Paar befindet sich mit Ball im Quadrat und sein Partner postiert sich zu einem beliebigen Hütchen außerhalb des Quadrats.

- Die Spieler im Quadrat absolvieren verschiedene Dribblings: Linke Innenseite, Rechte Innenseite, Außenseite, Sohle, Finten, zwischen den Innenseiten hin und her kicken usw.

- Auf Trainersignal dribbeln die Spieler aus dem Quadrat heraus und passen den Ball zu ihren Partnern. Diese nehmen den Ball an und dribbeln ins Quadrat. Im Quadrat führen sie sofort die vorgegebenen Dribblings aus.

- Die Spieler, die das Quadrat verlassen haben, wechseln auf die Positionen ihrer Partner.

- Wettbewerb: Wer erreicht als letztes das Quadrat?

Übung 3a:

- Ein ca. 15 mal 15 Meter großes Quadrat aufbauen.

- Acht Spieler in vier Mannschaften aufteilen.

- Drei Mannschaften spielen zusammen auf Ballhalten (Direktspiel) gegen die vierte Mannschaft (6 gegen 2).

- Schafft die vierte Mannschaft eine kontrollierte Balleroberung (Pass zum Mitspieler), wechselt diese mit der Mannschaft, die den Fehlpass verursacht hat. Durch die Pflicht der **kontrollierten Balleroberung**, hat das Überzahl-Team mittels Pressing die Möglichkeit einer direkten Wiedergewinnung des Balls.

- Variation: Zwei Ballkontakte, Feldgröße ändern und der Spieler der eigenen Mannschaft darf nicht angespielt werden (5 gegen 2).

Übung 3b:

- Ein Hütchen am Strafraumeck (A) sowie jeweils ein Hütchen an der Strafraumlinie auf Höhe erster und zweiter Pfosten (B und C) aufbauen.

- An jedem Hütchen drei (zwei oder vier) Spieler postieren.

- Die Spieler am Strafraumeck haben jeweils einen Ball.

- Spieler A passt zu Spieler B und dieser versucht, ein Tor zu erzielen. Spieler C versucht, dies zu verhindern.

- Erst mit dem Pass von A dürfen B und C den Strafraum betreten. C darf erst nach dem ersten Ballkontakt von B aktiv eingreifen. Direktschüsse aufs Tor sind nicht erlaubt! Der Torwart startet immer von der Torlinie und ist vollaktiv.

- Hat jeder Spieler eine Aktion absolviert, rücken die Spieler eine Position weiter.

- Bei einem Tor erhalten Schütze und Passgeber einen Punkt. Der Torwart bekommt je Tor einen Punkt von insgesamt sechs abgezogen.

- Wer hat am Ende die meisten Punkte? 5-6 Punkte = Weltklasse. 3-4 Punkte = nationale Klasse. 1-2 Punkte = Kreisklasse. 0 Punkte = hat sein Geld nicht verdient.

Handlungsschnelligkeit

Zweite Trainingseinheit

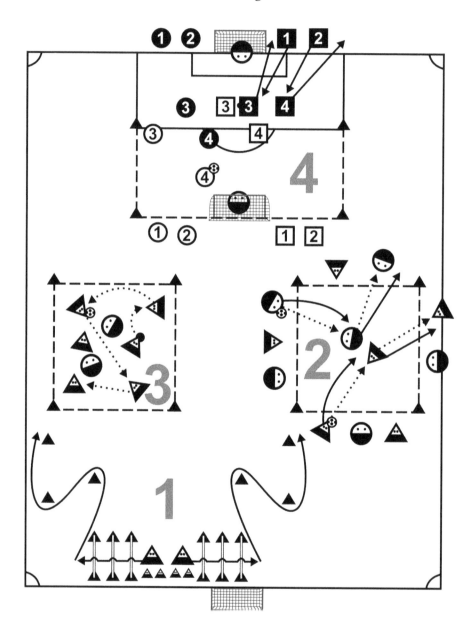

Ablauf:

- Alle Spieler → Übung 1 → Schwerpunkt: Koordination, Antrittsschnelligkeit
- Alle Spieler → Übung 2 → Schwerpunkt: Handlungsschnelligkeit, Peripheres Sehen
- Alle Spieler → Übung 3 → Schwerpunkt: Ballsicherheit, Handlungsschnelligkeit, Peripheres Sehen, Taktik: Dreiecksbildung
- Alle Spieler → Übung 4 → Schwerpunkt: Direktspiel, Schießen, Handlungsschnelligkeit, Peripheres Sehen, Taktik: Rautenbildung, Umschalten

Übung 1:

- Parcours entsprechend der Zeichnung aufbauen.
- Auf Trainersignal starten die jeweils ersten beiden Spieler in den Parcours.
- Skippings (drei Bodenkontakte in den Zwischenräumen) über die drei Hürden und dann die Zielhütchen umkurven.
- Wer ist schneller?

Übung 2:

- Für 10 bis 12 Spieler ein 20 mal 20 Meter großes Quadrat aufbauen.
- Die Spieler in zwei Mannschaften teilen.
- Ein Spieler jeder Mannschaft geht ins Quadrat und die restlichen Spieler postieren sich zu gleichen Teilen an den Außenseiten.
- Ein Spieler pro Mannschaft, außerhalb des Quadrats, hat einen Ball. Idealerweise auf der Seite, wo sich ein weiterer Spieler seiner Mannschaft befindet.
- Die Übung beginnt, indem die Spieler mit Ball zu ihrem Mitspieler innerhalb des Quadrats passen. Nach ihrem Pass wechseln sie ins Quadrat.
- Die Passempfänger spielen den Ball zu einem beliebigen Spieler ihrer Mannschaft außerhalb des Quadrats weiter und folgen ebenfalls ihrem Pass. Immer so weiter.
- Variation: Erst freies Spiel, dann auf zwei Ballkontakte reduzieren. Leistungsstarke Mannschaften können auch in einem kleineren Quadrat die Übung im Direktspiel absolvieren.

Übung 3:

- Für je acht Spieler ein ca. 20 mal 20 Meter großes Quadrat aufbauen.
- Vier Mannschaften zu je zwei Spielern bilden.
- Drei Mannschaften spielen zusammen auf Ballhalten (max. zwei Ballkontakte) gegen die vierte Mannschaft (6 gegen 2).
- Neben dem Ball am Fuß ist noch ein zweiter Ball in der Luft unterwegs. Dieser wirft sich das Überzahl-Team gegenseitig zu.

- Regeln: Kein Spieler darf beide Bälle gleichzeitig berühren. Wer also einen Ball in der Hand hat, darf nicht angespielt werden! Der Ball darf nicht zum selben Spieler zurückgeworfen werden.

- Schafft die vierte Mannschaft eine kontrollierte Balleroberung (Pass zum Mitspieler), wechselt diese mit der Mannschaft, die den Fehlpass verursacht hat.

Übung 4:

- Einen doppelten Strafraum als Spielfeld markieren.

- Vier Mannschaften zu je vier Spieler bestimmen. Jede Mannschaft einer Farbe (oder Zahl) zuordnen.

- Je zwei Mannschaften bilden ein Team und die beiden Teams spielen gegeneinander.

- Es sind immer nur zwei Spieler je Mannschaft auf dem Feld aktiv, so dass 4 gegen 4 gespielt wird. Die jeweils anderen beiden Spieler pausieren neben ihrem Tor.

- Sobald der Trainer eine der vier Farben (oder Zahl) ruft, wechseln die zwei aktiven Spieler der genannten Farbe mit den zwei pausierenden Spielern der genannten Farbe. Nach dem Trainersignal dürfen die zwei aktiven Spieler keinen Ballkontakt mehr haben.

- Die pausierenden Spieler dürfen erst aufs Feld, wenn beide aktiven Spieler das Feld verlassen haben. Die kurzzeitige Überzahl soll von der anderen Mannschaft zum Torerfolg genutzt werden.

- Welche Mannschaft hat am Ende die meisten Tore erzielt?

Stürmer kreieren

Erste Trainingseinheit

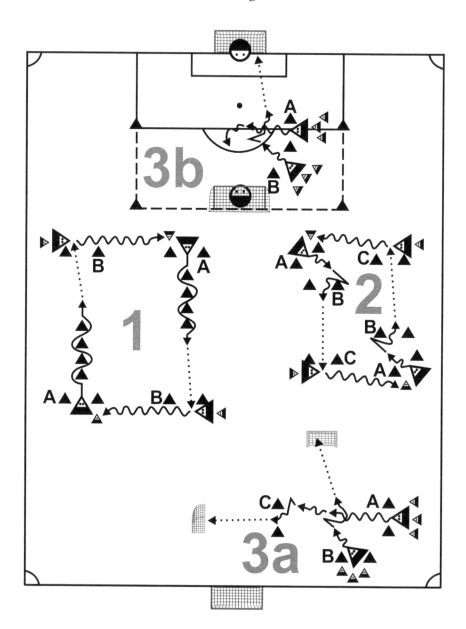

Einleitung:

Der Titel dieses Kapitels ist recht optimistisch formuliert. Ist es überhaupt möglich, einen Stürmer zu „kreieren"? Einen Spieler, der durch seine speziellen technischen und taktischen Fertigkeiten seine Mannschaft zu Siegen schießt? Ich denke schon! Es wird zwar kein Spieler von heute auf morgen zu einem Gerd Müller oder Raúl, doch gerade eine Verbesserung der Handlungsschnelligkeit in Verbindung mit den Lerninhalten der folgenden Trainingseinheiten kann einen guten Stürmer hervorbringen.

In diesem Kapitel geht es im Wesentlichen darum, die Mannschaft in den Punkten Fintieren, Tiefe spielen und Schießen zu verbessern. Die ersten drei Trainingseinheiten zeigen, wie man eine Mannschaft systematisch das Fintieren lehrt. Wie bereits beschrieben geht es beim Fintieren darum, den Gegenspieler im 1 gegen 1 auszuspielen. Dabei wird durch eine Körpertäuschung ein Fehlverhalten des Gegenspielers provoziert und man nutzt dieses, um an ihm vorbeizudribbeln.

Die Lernfähigkeit des Fintierens ist abhängig vom Leistungsstand in den Bereichen Dribbling, Koordination und Handlungsschnelligkeit. Das Fintieren zeichnet sich durch schnelle Bewegung mit vielen Stopps, Richtungswechseln und Temposteigerungen aus. Neben dem Trainieren der Finten an sich ist es also auch sinnvoll, die genannten drei Bereiche regelmäßig zu trainieren.

Im Idealfall wird der eine oder andere Spieler schon nach den ersten drei Trainingseinheiten in der Lage sein, eine Finte so im Wettkampf einzusetzen, dass er dabei einen Gegenspieler ausspielen kann. Sollte dies nicht gleich gelingen, so sollte man Geduld haben und bedenken, dass durch dieses Fintier-Training zusätzlich auch die Koordination der Spieler geschult wird. Eine bessere Koordination führt automatisch zu einer Verbesserung aller anderen Fußballtechniken!

Die folgenden Einheiten sind methodisch aufgebaut, das bedeutet vom Einfachen zum Schweren. Unserem Fintier-Training liegen zwei Finten zugrunde: **Ausfallschritt** und **Übersteiger**. In unserem Training wird der Ausfallschritt immer dann angewendet, sobald entgegen der Laufrichtung des Verteidigers abgekappt wird. Der Übersteiger immer dann, um ein Abkappen anzutäuschen und weiter in Laufrichtung zu dribbeln.

Um die richtige Entscheidung treffen zu können, ob weiter oder entgegen der Laufrichtung des Verteidigers gedribbelt werden soll, muss man während des Dribbelns das Verteidigerverhalten wahrnehmen. Stellt sich der Verteidiger auf das Abkappen ein, so wird ein Abkappen (mittels Übersteiger) angetäuscht, aber weiter in Laufrichtung gedribbelt. Rechnet der Verteidiger mit einem Durchbruch in Laufrichtung, so wird dies (mittels Ausfallschritt) angetäuscht, aber dann entgegen der Laufrichtung des Verteidigers abgekappt. Grundsätzlich kann man sich also merken, dass man immer in die Richtung antäuscht, in der man keine Durchbruchchance sieht.

Oberstes Ziel des Angreifers ist es, den Verteidiger in **Bewegung** zu bringen. Wenn der Angreifer Glück hat, befindet sich der Verteidiger bereits aufgrund der Spielsituation in Bewegung. Sollte dies aber nicht der Fall sein, so muss der Angreifer eine Bewegung des Verteidigers provozieren, indem er ihn schräg andribbelt. Beim Dribbeln immer darauf achten, dass der Ball eng am Fuß liegt. Idealerweise führt man den Ball so mit der Innenseite, dass er sich „unterm" Körper befindet. Zusätzlich ist noch beim Andribbeln des Verteidigers zu beachten, dass der Oberkörper in keine seitliche Richtung gedreht ist. Er soll gerade nach vorne zeigen, sodass man sich schnell in beide Durchbruchsrichtungen wegdrehen kann.

Um Finten erfolgreich anzuwenden, ist noch Weiteres zu beachten. So sollte man stets versuchen den Blick vom Ball zu lösen, um das Verteidigerverhalten zu erkennen. Wichtig ist es, den **idealen Zeitpunkt** zum Ausführen der Finte zu erwischen. Hier heißt das Motto: nicht zu spät und nicht zu früh. Beim Fintieren sollte man immer den kompletten Körper in die anzutäuschende Richtung kippen (Körperschwerpunkt verlagern) und den anschließenden Durchbruch mit einer Temposteigerung verbinden.

Gute Fähigkeiten im Fintieren sind nicht nur für die Angreifer wichtig. Überall auf dem Platz kann es vorkommen, dass man sich in einem 1 gegen 1 behaupten muss. Gezielt sucht man das 1 gegen 1 aber nur vor dem gegnerischen Tor. Lässt man hier einen Gegenspieler aussteigen, so muss in der Regel ein anderer Gegenspieler seine Deckung aufgeben, um die Situation zu bereinigen. Durch die aufgegebene Deckung entsteht nun eine sehr aussichtsreiche Anspielstation.

Das systematische Anwenden von 1-gegen-1-Situationen im Angriffsspiel stellt den Gegner vor enorme Probleme. Je größer die Angriffsvariabilität einer Mannschaft ist, desto schwieriger ist dies zu verteidigen. Rechnet der Gegner beispielsweise mit einem Pass, agieren die Angreifer im 1 gegen 1, stellt er sich auf ein Dribbling ein, wird gepasst.

Der Schwerpunkt der ersten Trainingseinheit liegt auf dem Ausfallschritt, also dem Abkappen entgegen der Laufrichtung des Verteidigers. In der zweiten Trainingseinheit steht der Übersteiger (Durchbruch in Dribbelrichtung) im Mittelpunkt. In der dritten Einheit sollen die Spieler lernen den Blick vom Ball zu lösen, um das Verteidigerverhalten zu erkennen und dann die entsprechende Finte anwenden. Trainingseinheiten vier und fünf behandeln **Pass in die Tiefe** und den **Torschuss**.

Im Abschlussspiel können die Spieler die Finten dann unter realen Bedingungen anwenden. Viele 1-gegen-1-Situationen kann man beispielsweise dadurch provozieren, dass ins gegnerische Abwehrdrittel nur gedribbelt und nicht gepasst werden darf.

<u>Ablauf:</u>

• Alle Spieler → Übung 1 → Schwerpunkt: Dribbling, Ballan- und -mitnahme

• Alle Spieler → Übung 2 → Schwerpunkt: Fintieren, Dribbling, Koordination, Ballan- und -mitnahme

• 1/2 Mannschaft → Übung 3a → Schwerpunkt: Fintieren, Dribbling, Koordination, Innenseitstoß

• 1/2 Mannschaft → Übung 3b → Schwerpunkt: Fintieren, Dribbling, Koordination, Schießen

Übung 1:

- Für je acht Spieler einen Parcours entsprechend der Zeichnung aufbauen. Falls ein zweiter Parcours benötigt wird, diesen spiegelverkehrt aufbauen.
- Je zwei Spieler an den vier Stationen aufteilen. Die Spieler an den beiden Startpositionen A haben je einen Ball.
- Die beiden vorderen Spieler A starten gleichzeitig in den Parcours. Sie absolvieren zunächst ein Slalomdribbling und passen nach dem letzten Hütchen zum vorderen Spieler hinter dem Hütchentor B.
- Dieser nimmt den Ball in offener Stellung an und mit und dribbelt zum Starthütchen A.
- Spieler A folgen ihren Pässen.
- Die nächsten Spieler von A starten, sobald der Pass zu B gespielt wurde.
- Nach der Hälfte der Zeit, zum Trainieren der Beidfüßigkeit, zum spiegelverkehrt aufgebauten Parcours wechseln.

Übung 2:

- Für je acht Spieler einen Parcours entsprechend der Zeichnung aufbauen. Falls ein zweiter Parcours benötigt wird, diesen spiegelverkehrt aufbauen.
- Je zwei Spieler an den vier Stationen A und C aufteilen. Die Spieler an den beiden Startpositionen A haben je einen Ball.
- Die beiden vorderen Spieler A starten gleichzeitig in den Parcours. Sie dribbeln schräg auf das Hütchen B zu, absolvieren einen Ausfallschritt, kappen ab und dribbeln durch das Hütchentor. Sofort im Anschluss erfolgt ein Pass durch das Hütchentor C.
- C nimmt den Ball in offener Stellung an und mit und dribbelt zum Starthütchen A.
- Spieler A folgen ihren Pässen.
- Die nächsten Spieler von A starten, sobald der Pass zu C gespielt wurde.
- Nach der Hälfte der Zeit, zum Trainieren der Beidfüßigkeit, zum spiegelverkehrt aufgebauten Parcours wechseln.

Übung 3a:

- Den Parcours mit zwei Minitoren entsprechend der Zeichnung aufbauen.
- Die Spieler teilen sich an den Positionen A und B auf. Alle Spieler haben einen Ball.
- Spieler A dribbelt als Erstes in den Parcours. Kurz danach startet Spieler B in den Parcours, indem er A schräg andribbelt und er, ca. auf Höhe des Minitors, mit einem Ausfallschritt entgegen der Laufrichtung von A abkappen kann und absolviert dann einen Zielschuss aufs Minitor. Er holt den Ball und stellt sich bei A an.

A dribbelt bis zum Hütchentor C weiter, absolviert davor einen Ausfallschritt und führt ebenfalls einen Zielschuss aus. Nachdem er den Ball geholt hat, stellt er sich bei B an.

- Nach den Zielschüssen starten die nächsten Spieler in den Parcours.

<u>Übung 3b</u>:

- Einen doppelten Strafraum markieren und zwei Tore mit Torhütern besetzen.

- Alle Spieler mit Bällen an den Positionen A und B aufteilen.

- Spieler A dribbelt als Erstes in den Parcours. Kurz danach startet Spieler B in den Parcours, indem er A schräg andribbelt, ca. in der Mitte des Feldes mit einem Ausfallschritt entgegen der Laufrichtung von A abkappen kann und dann zum Torabschluss kommt. Er holt den Ball und stellt sich bei A an. A dribbelt weiter und kommt aufs andere Tor zum Abschluss. Nachdem A den Ball geholt hat, stellt er sich bei B an.

- Nach dem Torschuss von A starten sofort die nächsten Spieler in den Parcours.

Stürmer kreieren

Zweite Trainingseinheit

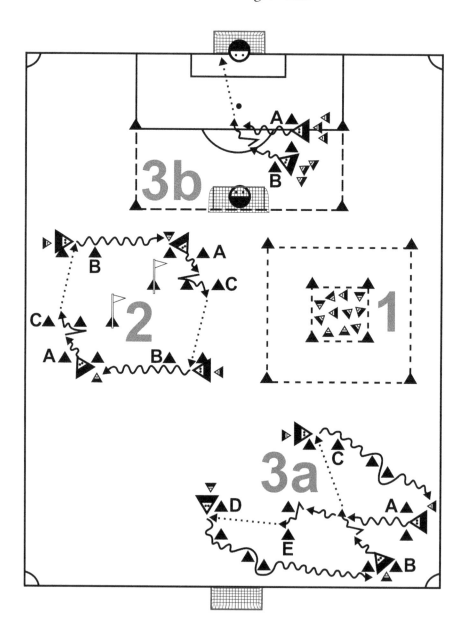

SPIELEND ANGREIFEN LERNEN

Ablauf:

- Alle Spieler → Übung 1 → Schwerpunkt: Dribbling, Koordination, Tempodribbling
- Alle Spieler → Übung 2 → Schwerpunkt: Fintieren, Dribbling, Koordination, Ballan- und -mitnahme
- 1/2 Mannschaft → Übung 3a → Schwerpunkt: Fintieren, Dribbling, Koordination, Ballan- und -mitnahme
- 1/2 Mannschaft → Übung 3b → Schwerpunkt: Fintieren, Dribbling, Koordination, Schießen

Übung 1:

- Zwei ineinanderliegende Quadrate aufbauen.
- Alle Spieler mit Ball ins innere Quadrat.
- Dort werden nun folgende Dribbelaufgaben gestellt: Nur mit der Innenseite/Außenseite (links und rechts) dribbeln. Ausfallschritt. Ball zwischen den Innenseiten hin und her kicken. Übersteiger.
- Jeweils nach einem Trainerkommando müssen alle Spieler im höchsten Tempo um eines der vier äußeren Hütchen dribbeln und wieder zurück ins innere Quadrat. Der letzte Spieler muss fünf Liegestütze absolvieren.
- Variation: Zwischen den Trainerkommandos zum Losdribbeln muss auf Signal noch der Ball mit einem Mitspieler getauscht werden. Es muss direkt zweimal in Folge ein äußeres Hütchen umrundet werden.

Übung 2:

- Für je acht Spieler einen Parcours entsprechend der Zeichnung aufbauen. Falls ein zweiter Parcours benötigt wird, diesen spiegelverkehrt aufbauen.
- Je zwei Spieler an den vier Stationen aufteilen. Die Spieler an den beiden Startpositionen A haben je einen Ball.
- Die beiden vorderen Spieler A starten gleichzeitig in den Parcours. Sie dribbeln schräg auf das Hütchentor C zu, absolvieren einen Übersteiger in Richtung Fahnenstange (symbolisiert die Richtung des kommenden Verteidigers), aber halten ihre Dribbelrichtung bei. Sobald sie das Hütchentor C durchdribbelt haben, erfolgt ein Pass durch das Hütchentor B.
- B nimmt den Ball in offener Stellung an und mit und dribbelt zum Starthütchen A.
- Spieler A folgen ihren Pässen.
- Die nächsten Spieler von A starten, sobald der Pass zu B gespielt wurde.
- Nach der Hälfte der Zeit zum Trainieren der Beidfüßigkeit zum spiegelverkehrt aufgebauten Parcours wechseln.

Übung 3a:

- Den Parcours entsprechend der Zeichnung aufbauen.
- Je zwei Spieler an den vier Stationen aufteilen. Die Spieler an den beiden Startpositionen A und B haben je einen Ball.
- Spieler A dribbelt als Erstes in den Parcours. Kurz danach startet Spieler B in den Parcours, indem er A schräg andribbelt und er mittig im Feld mit einem Übersteiger ein Abkappen antäuscht, dann aber weiter in seiner Dribbelrichtung bleibt. Er dribbelt frontal an Spieler A vorbei und passt dann durch das Hütchentor C. A dribbelt bis zum Hütchentor E weiter, absolviert einen Übersteiger und passt durch das Hütchentor D.
- C und D nehmen den Ball in offener Stellung an und mit und dribbeln zu A bzw. zu B.
- A und B folgen ihren Pässen.
- Sofort nach den beiden Pässen starten die nächsten Spieler in den Parcours.

Übung 3b:

- Einen doppelten Strafraum markieren und zwei Tore mit Torhütern besetzen.
- Alle Spieler mit Bällen an den Positionen A und B aufteilen.
- Spieler A dribbelt als Erstes in den Parcours. Kurz danach startet Spieler B in den Parcours, indem er A schräg andribbelt, ca. in der Mitte des Feldes mit einem Übersteiger ein Abkappen entgegen der Laufrichtung von A antäuscht, dann aber weiter in seiner Laufrichtung dribbelt und zum Torabschluss kommt. Er holt den Ball und stellt sich bei A an. A dribbelt weiter und kommt aufs andere Tor zum Abschluss. Nachdem A den Ball geholt hat, stellt er sich bei B an.
- Nach dem Torschuss von A starten sofort die nächsten Spieler in den Parcours.

Stürmer kreieren
Dritte Trainingseinheit

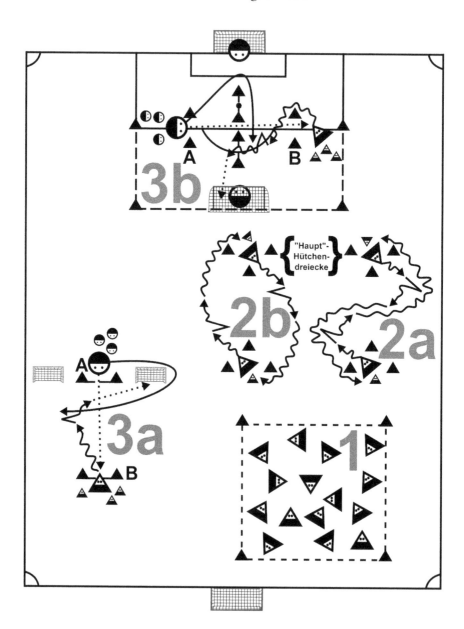

<u>Ablauf:</u>

- Alle Spieler → Übung 1 → Schwerpunkt: Dribbling, Handlungsschnelligkeit, Peripheres Sehen
- Alle Spieler → Übung 2 → Schwerpunkt: Fintieren, Dribbling, Koordination, Handlungsschnelligkeit, Peripheres Sehen
- 1/2 Mannschaft → Übung 3a → Schwerpunkt: Fintieren, Koordination, Antrittsschnelligkeit, Handlungsschnelligkeit, Peripheres Sehen
- 1/2 Mannschaft → Übung 3b → Schwerpunkt: Fintieren, Koordination, Antrittsschnelligkeit, Handlungsschnelligkeit, Peripheres Sehen

<u>Übung 1:</u>

- Für alle Spieler ein ca. 20 mal 20 Meter großes Quadrat aufbauen. Alle Spieler haben einen Ball am Fuß.
- Jeder Spieler bekommt ein Hütchen in die Hand. Die Hütchen haben vier verschiedene Farben und werden zu gleicher Zahl verteilt.
- Die Spieler dribbeln frei im Feld. Während des Dribbelns tauschen die Spieler aber ständig ihre Hütchen untereinander.
- Nach einem Trainerkommando müssen alle Spieler einer Hütchenfarbe zusammen in einer beliebigen Ecke des Quadrates dribbeln. Welche Mannschaft ist am langsamsten?
- Variation: Auch die Bälle während des Dribbelns tauschen.

<u>Übung 2 Vorübung:</u>

- Für je vier Spieler zwei Hütchendreiecke gegenüber stellen. Alle Spieler mit einem Ball.
- Je ein Spieler in das Hütchendreieck und der Zweite dahinter.
- Die vorderen Spieler dribbeln gleichzeitig schräg nach vorne aus dem Hütchendreieck. Dies geschieht mit **einem** Ballkontakt der Fußinnenseite. Ohne einen zweiten Ballkontakt wird nun ein Ausfallschritt absolviert und zum gegenüberliegenden Hütchendreieck gedribbelt. Siehe Zeichnung 2a.
- Nach der Finte, starten die nächsten zwei Spieler in den Parcours.
- Variation: Gleicher Ablauf, jedoch mit einem Übersteiger anstatt des Ausfallschrittes. Beide Aufgaben ca. drei Minuten absolvieren. Siehe Zeichnung 2b.

<u>Übung 2 Hauptübung:</u>

- Je Parcours ein „Haupt"-Hütchendreieck bestimmen.
- Ähnlicher Ablauf wie zuvor, jedoch mit dem Unterschied, dass der Spieler der aus dem „Haupt"-Hütchendreieck startet, frei zwischen Ausführung eines Übersteigers und eines Ausfallschrittes entscheiden kann.

- Der gegenüberstehende Spieler startet gleichzeitig, beobachtet den anderen Spieler und muss dann versuchen, ohne große Zeitverzögerung, die gleiche Finte zu absolvieren.

Übung 3a:

- Den Parcours mit den zwei Minitoren entsprechend der Zeichnung aufbauen.
- Die Spieler hinter den beiden Hütchentore A und B aufteilen. Alle Spieler A haben einen Ball.
- A passt druckvoll durch das Hütchentor B und startet sofort um das linke Minitor, um schnellstmöglich vor die beiden Minitore zu kommen.
- B nimmt den Pass von A an und Richtung der Minitore mit. Sein Ziel ist es, nach einer Finte vor Spieler A in eines der beiden Minitore zu schießen.
- Je nach Verteidigerverhalten wählt er seine Finte. Nach unserem System wäre es bei einem "zögernden" Verteidiger der Übersteiger und bei einem "zügigen" Verteidiger der Ausfallschritt mit Abkappen.
- Nach jeder Aktion Seitenwechsel und es starten sofort die nächsten Spieler.
- Erzielt der Angreifer einen Treffer, muss der Verteidiger fünf Liegestütze absolvieren.
- Tipp: Die Abstände so wählen, dass Verteidiger A in der Lage ist, bei höchstem Tempo auch das entfernte Minitor zu verteidigen.

Übung 3b:

- Einen doppelten Strafraum markieren und zwei Tore mit Torhütern besetzen.
- Die Spieler hinter den beiden Hütchentoren A und B aufteilen. Alle Spieler A haben einen Ball.
- A passt druckvoll zwischen den beiden mittleren Hütchentoren zu B und startet sofort um das linke Hütchentor, um schnellstmöglich vor die beiden Hütchentore zu kommen.
- B nimmt den Pass von A an, dribbelt um das rechte Hütchen seines Hütchentors und versucht nach dem Ausspielen von A durch eines der beiden mittleren Hütchentore zu dribbeln. Nachdem Durchdribbeln kommt er zum Torabschluss (auf das ballferne Tor). Der Verteidiger darf nicht nachsetzen, aber schießt direkt im Anschluss einen vom Trainer zugeworfenen Ball aufs andere Tor.
- Je nach Verteidigerverhalten wählt Angreifer B seine Finte. Nach unserem System wäre es bei einem „zögernden" Verteidiger der Übersteiger und bei einem „zügigen" Verteidiger der Ausfallschritt mit Abkappen.
- Nach jeder Aktion Seitenwechsel und es starten sofort die nächsten Spieler.
- Erzielt der Angreifer einen Treffer, muss der Verteidiger fünf Liegestütze absolvieren.

- Tipp: Die Abstände so wählen, dass Verteidiger A in der Lage ist, bei höchstem Tempo auch das entfernte Minitor zu verteidigen.

Stürmer kreieren
Vierte Trainingseinheit

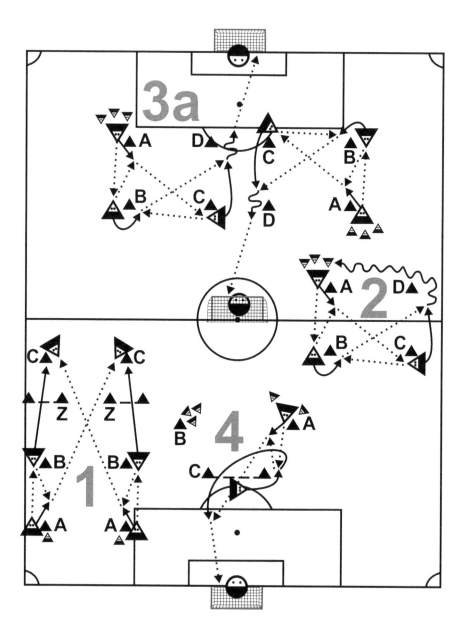

Einleitung:

Nach den drei Trainingseinheiten mit dem Schwerpunkt Fintieren folgen nun zwei Einheiten zum Thema **Schießen**. Drei verschiedene Schusstechniken wurden bereits im Kapitel **Richtig Trainieren** erklärt und werden in den folgenden Übungen angewandt. Auf eine Beschreibung der Schusstechnik **Außenspannstoß** wird in diesem Buch verzichtet, obwohl die damit möglichen „verdeckten" Schüsse und Abspiele im Spitzenfußball eine immer bedeutendere Rolle spielen. Je nach Position zum gegnerischen Tor, entscheidet man sich für eine der folgenden Schusstechniken:

1. **Innenseitstoß**
2. **Vollspannstoß**
3. **Innenspannstoß**
4. **Außenspannstoß**

Torschüsse aus kurzer Distanz sollten möglichst mit der Innenseite geschossen werden. Der Innenseitstoß ist zwar nicht so kraftvoll wie die anderen Schusstechniken, dafür erreicht man mit ihr die höchste Präzision. Torschüsse aus größerer Distanz zentral vor dem Tor sollte man möglichst mit dem Vollspann schießen. So kann der Ball am härtesten und je nach Bedarf flach oder hoch geschossen werden. Torschüsse aus seitlicher Position zum Tor sollte man mit dem Innenspann schießen. Diese Schusstechnik ermöglicht es, den Ball mit Effet zu schießen (schwer zu berechnende Flugbahn für den Torwart).

Ablauf:

- Alle Spieler → Übung 1 → Schwerpunkt: Direktspiel, Innenseitstoß, Antrittsschnelligkeit, Dribbling, Taktik: Tiefe spielen, Lösen vom Gegner
- Alle Spieler → Übung 2 → Schwerpunkt: Direktspiel, Innenseitstoß, Dribbling, Taktik: Tiefe spielen, Lösen vom Gegner
- Alle Spieler → Übung 3a → Schwerpunkt: Direktspiel, Innenseitstoß, Schießen (Vollspannstoß), Taktik: Tiefe spielen, Lösen vom Gegner
- Alle Spieler → Übung 3b → Schwerpunkt: Direktspiel, Innenseitstoß, Schießen (Innenspannstoß), Taktik: Tiefe spielen, Lösen vom Gegner
- Alle Spieler → Übung 4 → Schwerpunkt: Direktspiel, Schießen (Innenseitstoß), Taktik: Tiefe spielen, Lösen vom Gegner

Übung 1:

- Für je acht Spieler einen Parcours aufbauen.
- Ein zehn Meter großes Hütchenquadrat (A und B) und davon 20 Meter entfernt zwei Zielhütchen C aufbauen. Zwischen B und C jeweils ein Hütchentor Z aufbauen.
- An die Hütchen B und C je einen Spieler ohne Ball und an den Starthütchen A die restlichen Spieler mit je einen Ball aufteilen.

- Die Spieler A beginnen gleichzeitig die Übung, indem sie zu Spieler B passen. Spieler B absolvieren zuvor eine Auftaktbewegung und lassen den Ball prallen. Die Spieler A passen nun diagonal zu den Spielern C.

- A wechselt nach B. B sprintet durchs Hütchentor Z und postiert sich auf C. C dribbelt zum je anderen Starthütchen.

- Variation: Anstatt einem flachen diagonalen Pass wird ein Flugball gespielt.

Übung 2:

- Für fünf bis sechs Spieler je ein Hütchenquadrat aufbauen.

- Das Hütchenquadrat kann zwischen 10 und 20 Meter groß sein. Die Abstände immer wieder variieren. So lernen die Spieler, die Passschärfe den jeweiligen Umständen anzupassen.

- Je ein Spieler ohne Ball an den Hütchen B und C. Die restlichen Spieler mit Bällen ans Starthütchen A.

- Spieler A passt zu Spieler B (zuvor Auftaktbewegung). B lässt prallen und A passt diagonal zu Spieler C. C lässt den Ball auf B prallen und startet in die Tiefe Richtung Hütchen D. B passt nun in die Tiefe zu C.

- Alle Spieler wechseln eine Position weiter und C dribbelt zum Starthütchen A.

- Tipp: Beidfüßigkeit trainieren! Bei einer dem Uhrzeigersinn entgegen laufenden Spielrichtungen immer mit rechts passen und bei einer im Uhrzeigersinn laufenden Spielrichtung mit links passen. Mitspieler auf dem entsprechenden Fuß anspielen.

Übung 3a:

- Auf der Mittellinie ein Tor mit Torwart postieren und zwischen den beiden Toren zwei Hütchenquadrate (siehe Übung 2) nebeneinander aufbauen.

- Jedem Quadrat ist ein Tor zugeordnet. Die Übung läuft auf beiden Toren gleichzeitig ab. Der Ablauf ist identisch mit der Übung 2. Nach dem Pass in die Tiefe von B, kommt C mit einem Vollspannstoß zum Torabschluss.

- Nach der Hälfte der Zeit werden, zum Trainieren der Beidfüßigkeit, die Quadrate dem jeweils anderen Tor zugeordnet. Das Starthütchen ist nun B und es wird Richtung A gepasst.

Übung 3b:

- Ohne Abbildung, ist aber der gleiche Ablauf wie in Übung 3a. Lediglich der Abstand der beiden Quadrate zueinander wird um einige Meter vergrößert, so dass man aus seitlicher Position zum Torabschluss kommt.

- Das Starthütchen ist nun C und es wird in Richtung B gepasst.

- Nach dem Pass in die Tiefe von B dribbelt A nun parallel der Torlinie bis zum Hütchen D entlang und kommt dann mit einem Innenspannstoß zum Torabschluss.

- Nach der Hälfte der Zeit Spielrichtung ändern.

Übung 4:

- Vor den beiden Toren nun jeweils vier Hütchen entsprechend der Zeichnung aufbauen. Es wird auf beiden Toren gleichzeitig trainiert.

- Ein Spieler ohne Ball postiert sich hinter dem Hütchentor C und die restlichen Spieler teilen sich mit Bällen an den Hütchen A und B auf.

- Spieler C bietet sich nach einer Auftaktbewegung, seitlich neben dem Hütchentor für A zum Zuspiel an. A passt, C lässt den Ball prallen und startet durch das Hütchentor in Tiefe. A spielt nun durchs Hütchentor zu C. Die Linie des Hütchentors ist gleichzeitig auch Abseitslinie. C darf also nicht früher über diese Linie laufen als der Ball.

- C kommt mit einem Innenseitstoß zum Torabschluss, wechselt zu A und Spieler A wechselt nach C.

- Nun gleicher Ablauf auf der anderen Seite. C lässt auf B prallen, C wechselt nach dem Torschuss zu B und B wechselt zu C.

Stürmer kreieren

Fünfte Trainingseinheit

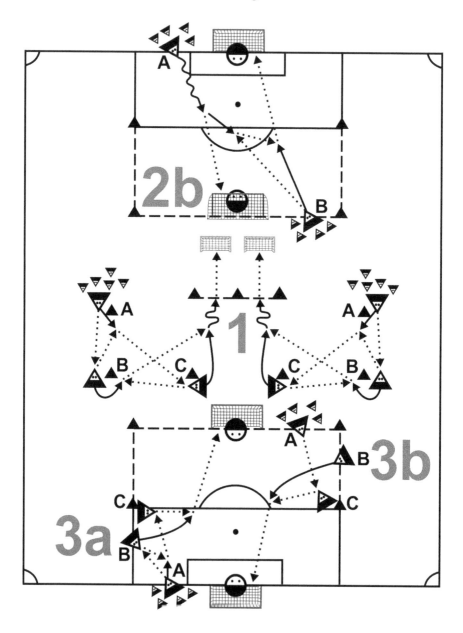

Ablauf:

- Alle Spieler → Übung 1 → Schwerpunkt: Innenseitstoß, Direktspiel, Taktik: Tiefe spielen, Lösen vom Gegner
- Alle Spieler → Übung 2a → Schwerpunkt: Dribbling, Schießen (Vollspannstoß)
- Alle Spieler → Übung 2b → Schwerpunkt: Schießen (Vollspannstoß)
- Alle Spieler → Übung 3a → Schwerpunkt: Innenseitstoß, Direktspiel, Schießen (Innenspannstoß), Taktik: Lösen vom Gegner
- Alle Spieler → Übung 3b → Schwerpunkt: Innenseitstoß, Schießen (Innenspannstoß), Taktik: Lösen vom Gegner

Übung 1:

- Zwei Hütchenquadrate nebeneinander plus zwei Minitore entsprechend der Zeichnung aufbauen.
- An den Quadraten nun die gleiche Passkombination absolvieren wie bei den Übungen 2 von der letzten Trainingseinheit.
- Der Zielschuss auf die Minitore muss noch vor dem Hütchentor, mit dem äußeren Fuß, erfolgen. Nach dem Zielschuss holt der Spieler den Ball und stellt sich bei der anderen Gruppe an.
- Wird kein Treffer erzielt, müssen fünf Liegestütze absolviert werden.

Übung 2a:

- Ohne Abbildung: Einen doppelten Strafraum mit zwei Toren aufbauen, siehe Zeichnung 2b.
- Die Spieler postieren sich ebenfalls wie in der Zeichnung 2b und jeder Spieler hat einen Ball.
- Die vordersten Spieler A und B dribbeln gleichzeitig Richtung gegenüberliegendem Tor und kommen noch in ihrer Spielfeldhälfte zum Torabschluss. Nach dem Schuss starten sofort die nächsten zwei Spieler ins Feld zum Torabschluss.
- Die Spieler holen ihren Ball und stellen sie bei der anderen Gruppe an.
- Zum Trainieren der Beidfüßigkeit, wird nach der Hälfte der Zeit die Ausgangsposition der Spieler auf die andere Seite des Tors verlegt.

Übung 2b:

- Aufbau und Position der Spieler entsprechend der Zeichnung. Alle Spieler haben einen Ball.
- Der erste Spieler A dribbelt bis zur Mitte und kommt zum Torabschluss.
- Spieler B passt nun direkt zu A und A legt B zum Torabschluss auf und immer so weiter.
- Nachdem der Spieler den Ball aufgelegt hat, holt er seinen geschossenen Ball und stellt sich bei der anderen Gruppe an.

- Zum Trainieren der Beidfüßigkeit wird nach der Hälfte der Zeit die Ausgangsposition der Spieler auf die andere Seite des Tors verlegt.

Übung 3a:

- Ausgangslage ähnlich wie bei den Übungen 2. Nur jetzt postiert sich je ein Spieler ohne Ball auf die Positionen B und C.

- Die beiden Spieler A starten nun gleichzeitig in den Parcours, indem sie zu den Spielern B passen (zuvor Auftaktbewegung). B lassen den Ball prallen und A passen zu C. C legen nun B den Ball zum Torschuss mit dem Innenspann auf.

- A wechselt nach B, B nach C und C holt den Ball und stellt sich bei der anderen Gruppe an.

- Zum Trainieren der Beidfüßigkeit wird nach der Hälfte der Zeit die Ausgangsposition der Spieler auf die andere Seite des Tors verlegt.

Übung 3b:

- Ausgangslage ähnlich wie bei Übung 3a. Jetzt wird aber Spieler B überschlagen und direkt zu C gepasst (zuvor Auftaktbewegung).

- C legt B zum Torschuss auf und B soll mit dem zweiten Ballkontakt zum Torabschluss mit dem Innenspann kommen.

- Tipp: Auf Grund der zwei Pflichtkontakte lernt der Spieler sich den Ball mit dem ersten Ballkontakt optimal vorzulegen.

Lightning Source UK Ltd.
Milton Keynes UK
UKHW010959241220
375840UK00014B/1863